kochen & genießen

Italienische Küche

kochen & genießen

Italienische Küche

MOEWIG

Redaktion kochen & genießen
Gertraud Schwillo (Chefredaktion)
Irene Rüter (Konzeption & Text)
Maike Bauer, Angela Berger, Stefanie Gerber,
Dörte Petersen, Hanne Tauscher

Grafisches Konzept: Marion Müller „mal 3"
Layout: Sibylle Friese

Fotos: City Food & Foto, Hamburg
S. 20/21: Consorzio del Proscuitto di Parma (1); Consorzio Carni Suine Garantite (1); Di gennaro (8);
S. 40: Barilla (3); Buitoni (2);
S. 140/141: Informationsgemeinschaft Olivenöl (3); Mazzetti (1); The Greenery (1);
S. 166/167: Galbani (2); Rapunzel Naturkost (1);
S. 182/183: Lavazza (4); Melitta (3);
S. 184/185: Brancamenta/Borco (1); Julia, Eckes AG (1); Martini (1); Prosecco Yello, Henkell (1);
S. 186/187: ICE (4);
S. 188/189: Campari Deutschland GmbH (1); Fernet Branca, Brancamenta/Borco (2);
Julia, Eckes AG (1); Martini (1); Molinari (1); UDV Deutschland GmbH/Vecchio Romagna (1)

www.MOEWIG.de

Printed in Germany

ISBN 3-8118-3314-6

Kommen Sie mit nach Bella Italia!

Italien – Traumland der Deutschen! Die schöne Landschaft, die fröhliche Lebensart und natürlich die köstliche Küche mit ihren wunderbaren Weinen haben es uns angetan. Da verführt bereits eine einfache Pasta – perfekt zubereitet – zum Genuss und setzt dem Alltag kleine Glanzlichter auf. Zu diesen Genüssen möchten wir Sie mit diesem Buch herzlich einladen. Lernen Sie kochen all'italiana! Zum Beispiel Pizza und Pasta, Fleisch und Fisch, Salat und Gemüse sowie die hinreißenden Süßspeisen – die Dolci. Daneben erfahren Sie Interessantes über die typischen Produkte des Landes und viel Wissenswertes über Italiens Nationalgetränke – vom kleinen schwarzen Espresso über prickelnden Prosecco bis hin zum vollmundigen Rotwein. Und nur keine Angst vor Neuem! Denn wie immer wurden alle Rezepte in unserer Versuchsküche getestet. Deshalb gelingen sie auch Ihnen garantiert. Anschaulich zeigen wir in Wort und Bild, wie es am besten geht. Und ganz nebenbei verraten wir viele Tipps, die beim Kochen hilfreich sind. Haben Sie Lust auf Italiens Küche bekommen? Dann wünschen wir Ihnen: Buon Appetito und Salute!

Ihre Redaktion
kochen & genießen

Italien-Rezepte

Ein guter Start

Die Vorsilbe „anti" verrät es schon: Die kleinen Leckereien kommen vor der Pasta auf den Tisch und sollen auf das Menü einstimmen. Buon appetito!

Garnelen-Spieße auf Salat

Vitello tonnato

Antipasti
Mozzarella-Brot mit Speck
Marinierte Gemüseplatte

Vitello tonnato (Kalbfleisch in Thunfischsoße)

Zutaten für 4–6 Personen:

- **1 Bund Suppengrün**
- **1 mittelgroße Zwiebel**
- **600 g Kalbsnuss**
- **½ l Weißwein**
- **1 Lorbeerblatt**
- **2 Gewürznelken**
- **Salz, weißer Pfeffer**
- **1 Dose (185 g) Thunfisch-Filetstücke im eigenen Saft**
- **2 Sardellenfilets**
- **2 Eigelb**
- **Saft von ½ Zitrone**
- **2 EL Weißwein-Essig**
- **100 ml Olivenöl**
- **3 EL Kapern (Glas)**

1 Suppengrün putzen und waschen. Zwiebel schälen. Beides würfeln. Mit Fleisch, Wein und Gewürzen ca. 24 Stunden ziehen lassen.

2 ¾ l Wasser und 1 TL Salz zum Fleisch geben und aufkochen. Bei schwacher Hitze ca. 1 Stunde gar ziehen lassen. Im Sud abkühlen lassen.

3 Thunfisch abtropfen lassen. Sardellen evtl. unter kaltem Wasser abspülen, trockentupfen. Beides mit Eigelb pürieren. Zitronensaft, Essig und 5 EL Fleischbrühe zufügen. Öl darunter schlagen, Kapern zufügen und abschmecken. Fleisch in dünne Scheiben schneiden. Mit der Soße anrichten.

Zubereitungszeit ca. 1½ Std. (ohne Wartezeit)
Portion ca. 330 kcal / 1380 kJ
E 31 g, F 21 g, KH 2 g

Garnelen-Spieße auf Salat

Zutaten für 4–6 Personen:

- **½ Kopf Salat, 2 Tomaten**
- **100 g Champignons**
- **1 mittelgroße Zwiebel**
- **2 EL Zitronensaft**
- **12 geschälte Garnelen (à ca. 30 g)**
- **1 Knoblauchzehe, 4 EL Olivenöl**
- **Salz, weißer Pfeffer**
- **3 EL Weißwein-Essig, Holzspießchen**

1 Salat, Tomaten und Pilze putzen, waschen und fein schneiden. Zwiebel schälen und hacken. Alles mit 1 EL Zitronensaft beträufeln.

2 Garnelen abspülen, evtl. auf Spieße stecken. Knoblauch schälen und hacken. In 2 EL Öl andünsten. Garnelen darin 3–4 Minuten braten. Mit 1 EL Zitronensaft, Salz und Pfeffer würzen. Auf dem Salat anrichten. Bratensatz mit Essig lösen und 2 EL Öl einrühren. Über den Salat träufeln.

Zubereitungszeit ca. 30 Min.
Portion ca. 150 kcal / 630 kJ
E 16 g, F 8 g, KH 3 g

GETRÄNKE-TIPP

Zu kalten Vorspeisen trinkt man in Italien oft trockene Schaumweine (spumante brut), einen Prosecco oder trockenen Weißwein (vino bianco), beispielsweise aus dem Trentino, Friaul, Venetien oder Südtirol. Schinken und kaltes Fleisch können auch einen jungen Roten (vino rosso) oder einen gut gekühlten Roséwein (vino rosato) vertragen.

Mozzarella-Brot mit Speck

Zutaten für 4–6 Personen:

- **3 Fleischtomaten**
- **375 g Mozzarella-Käse**
- **16 Scheiben durchwachsener Speck (z. B. Pancetta)**
- **1 Knoblauchzehe**
- **4 EL Olivenöl**
- **1 ital. Weißbrot**
- **4–5 Stiele frischer Salbei**
- **grober schwarzer Pfeffer**

1 Tomaten waschen und in 16 dicke Scheiben schneiden. Mozzarella abtropfen, in 16 Scheiben schneiden. Je 1 Speckscheibe darum wickeln.

2 Knoblauch schälen, durchpressen und mit Öl verrühren. Brot in 16 Scheiben schneiden.

3 Salbei waschen und die Blättchen abzupfen. Brotscheiben mit dem Knoblauchöl bestreichen. Mit je 1 Tomaten-Mozzarella-Päckchen und 1–2 Salbeiblättchen belegen. Mit Pfeffer bestreuen.

4 Die Brote auf ein Backblech legen und im vorgeheizten Backofen (E-Herd: 200 °C/Umluft: 175 °C/Gas: Stufe 3) ca. 10 Minuten überbacken.

Zubereitungszeit ca. 30 Min.
Portion ca. 430 kcal / 1800 kJ
E 18 g, F 26 g, KH 28 g

Marinierte Gemüseplatte

Zutaten für 4–6 Personen:

- 500 g Möhren
- 2 Knoblauchzehen
- 200 ml Weißwein
- 200 ml Weißwein-Essig
- Salz, 1 EL Zucker, weißer Pfeffer
- 2 Lorbeerblätter
- je 2 Stiele Minze, Basilikum und Rosmarin
- 2 Paprikaschoten (rot + gelb)
- 1 mittelgroße Aubergine
- ca. 100 ml Olivenöl

1 Möhren und Knoblauch schälen, klein schneiden. Mit 200 ml Wasser, Wein, Essig, Salz, Zucker, Lorbeer und Kräutern 10–15 Minuten garen.

2 Paprika und Aubergine putzen und waschen. Dann in Streifen bzw. Scheiben schneiden. Aubergine in 3 EL Öl goldbraun braten.

3 Paprika und Aubergine in den Möhrensud geben. Mind. 30 Minuten ziehen lassen. Alles mit Salz und Pfeffer abschmecken und auf eine Platte geben. Mit Rest Öl beträufeln.

Zubereitungszeit ca. 1 Std.
Portion ca. 190 kcal / 790 kJ
E 2 g, F 16 g, KH 7 g

Melone mit Schinken-Grissini

Zutaten für 4 Personen:

- 1 Honigmelone (ca. 750 g)
- 4 EL trockener Marsala
- 3–4 Stiele Basilikum
- 4 dünne Scheiben (à ca. 10 g) Parma- oder San-Daniele-Schinken
- 8 Grissini (ital. Teigstangen)

1 Melone halbieren. Kerne mit einem Esslöffel entfernen. Aus dem Fruchtfleisch mit dem Kugelausstecher Bällchen herausstechen. Oder die Melone nach Belieben in Spalten schneiden, Fruchtfleisch lösen und würfeln. Melone mit Marsala beträufeln. Zugedeckt mind. 20 Minuten ziehen lassen.

2 Basilikum waschen und Blättchen abzupfen. Mit der Melone in 4 Gläser verteilen. Je 1 Scheibe Schinken locker um 2 Grissini-Stangen wickeln und auf den Melonenkugeln anrichten.

Zubereitungszeit ca. 15 Min.
(ohne Wartezeit)
Portion ca. 140 kcal / 580 kJ
E 3 g, F 3 g, KH 24 g

Dreierlei Crostini

Zutaten für 4 Personen:

- 200 g Tomaten
- 3–4 Stiele frischer Thymian
- 3 Knoblauchzehen
- ca. 100 ml Olivenöl
- Salz, weißer Pfeffer
- 2 Bund/Töpfchen Basilikum
- 3 EL geröstete Pinienkerne
- 25 g Parmesan-Käse (im Stück)
- 80 g Kalbs- oder Geflügelleber
- 150 g Champignons, 1 Zwiebel
- ½ Bund/Töpfchen Salbei
- geriebene Muskatnuss
- 350 g ital. Weißbrot
- einige Parmesan-Späne z. Bestreuen

1 Tomaten kreuzweise einritzen, heiß überbrühen, abschrecken und Schale abziehen. Tomaten halbieren, entkernen und fein würfeln.

2 Thymian waschen, Blättchen abzupfen. Knoblauch schälen, 1 Zehe hacken. 1–2 EL Öl erhitzen. Tomaten, gehackten Knoblauch und Thymian darin schwenken, würzen.

3 Basilikum waschen, bis auf etwas zum Garnieren grob schneiden. Mit 2 EL Pinienkernen, Käse, Rest Knoblauch und 5–6 EL Öl in einem Universal-Zerkleinerer hacken. Mit Salz und Pfeffer abschmecken.

4 1 EL Öl in einer Pfanne erhitzen. Leber waschen, trockentupfen. Unter Wenden ca. 5 Minuten braten. Mit Salz und Pfeffer würzen, herausnehmen. Etwas abkühlen lassen, in kleine Scheiben schneiden.

5 Champignons putzen und, bis auf 3 Stück, hacken. Restliche Pilze in Scheiben schneiden. Zwiebel schälen, fein hacken. Salbei waschen und, bis auf einige Blättchen, fein schneiden.

6 1 EL Öl erhitzen, Champignonscheiben darin anbraten, herausnehmen. Gehackte Pilze und Zwiebeln ca. 5 Minuten andünsten. Mit Salbei, Salz, Pfeffer und wenig Muskat würzen. Brot in 12 Scheiben schneiden.

7 Brotscheiben rösten. Je 4 mit Tomaten, Pesto bzw. Champignons belegen. Mit 1 EL Pinienkernen, Champignonscheiben, Parmesan, Salbei und Basilikum garnieren.
Getränk: trockener Weißwein, z. B. Bianco di Toscana/Toskana.

Zubereitungszeit ca. 1 Std.
Portion ca. 570 kcal / 2390 kJ
E 17 g, F 32 g, KH 50 g

Insalata Caprese (Tomate, Mozzarella & Basilikum)

Zutaten für 4 Personen:

- **4 mittelgroße Tomaten**
- **3 Stiele frisches Basilikum**
- **150 g Mozzarella-Käse**
- **6–8 EL Olivenöl**
- **Salz, schwarzer Pfeffer**

1 Tomaten waschen und in Scheiben schneiden. Basilikum waschen, trockenschütteln und die Blättchen abzupfen. Mozzarella abtropfen lassen und in Scheiben schneiden.

2 Mozzarella- und Tomatenscheiben dachziegelartig auf einer Platte anrichten. Mit Basilikumblättchen garnieren und mit Olivenöl begießen. Mit Salz und Pfeffer würzen.
Getränk: trockener Weißwein, z. B. Frascati Superiore/Latium.

Zubereitungszeit ca. 15 Min
Portion ca. 280 kcal / 1170 kJ
E 8 g, F 25 g, KH 3 g

EXTRA-TIPP

Wer es etwas würziger mag, kann auch noch einige Tropfen Balsamico-Essig über Tomaten und Mozzarella träufeln.

Kräuter-Röstbrot mit Salami

Zutaten für 4 Personen:

- **2 dicke Scheiben (à ca. 80 g) Weißbrot**
- **2 EL fertige Kräuterbutter**
- **einige Spritzer Zitronensaft**
- **8 dünne Scheiben Salami (z. B. Mailänder Salami)**
- **nach Belieben etwas Feldsalat zum Garnieren**
- **8 Holzspießchen**

1 Weißbrotscheiben in je 4 möglichst gleich große Würfel schneiden.

2 Kräuterbutter in einer Pfanne erhitzen. Brotwürfel darin unter gelegentlichem Wenden knusprig rösten und herausnehmen. Dann mit etwas Zitronensaft beträufeln und leicht abkühlen lassen.

3 Je 1 Scheibe Salami mit einem Holzspießchen auf die Röstbrot-Würfel stecken. Je 2 Röstbrot-Würfel auf einem Teller anrichten. Nach Belieben mit Feldsalat garnieren.
Getränk: kühler Weißwein, z. B. Pinot Grigio/Trentino.

Zubereitungszeit ca. 15 Min.
Portion ca. 230 kcal / 960 kJ
E 9 g, F 12 g, KH 20 g

EXTRA-TIPP

Statt mit Kräuterbutter schmeckt das Röstbrot auch mit Pesto – aus dem Glas oder selbst gemacht (s. Seite 41). Dazu die Brotwürfel mit Butter in der Pfanne rösten, mit Pesto bestreichen und mit der Salami servieren. Auch ein prima Snack für Überraschungs-Gäste.

Mortadella-Röllchen mit Ricotta & Oliven

Zutaten für 4 Personen:

- 60 g Ricotta (ital. Frischkäse)
- 2 EL Milch
- ½ 185-g-Dose Thunfisch in Öl
- 75 g gefüllte grüne Oliven
- 1–2 TL Zitronensaft
- Salz, weißer Pfeffer
- 4 Scheiben Mortadella (à ca. 40 g)
- einige lange Schnittlauchhalme
- einige Blätter grüner Salat
- 2 EL Weißwein-Essig
- 1 Prise Zucker
- 2 EL Öl
- Zitronenscheiben zum Garnieren

1 Ricotta grob zerbröckeln. Milch, Thunfisch und Ricotta mit dem Schneidstab pürieren. Die Hälfte der Oliven grob hacken und unter die Käse-Thunfisch-Masse geben. Mit Zitronensaft, Salz und Pfeffer würzig abschmecken.

2 Mortadella-Scheiben ausbreiten und die Creme gleichmäßig darauf verteilen. Wurst aufrollen. Schnittlauch waschen. Einige Stiele kurz in kochendes Wasser tauchen, abschrecken und die Wurstenden damit zusammenbinden. Die Hälfte der übrigen Stiele in Röllchen schneiden.

3 Salatblätter waschen und abtropfen lassen. Für die Marinade Essig mit Salz, Pfeffer und Zucker würzen. Zuletzt das Öl darunter schlagen. Die restlichen Oliven halbieren.

4 Salat auf Portionsteller geben. Mit der Marinade beträufeln. Mortadella-Röllchen und Oliven darauf anrichten. Mit übrigen Schnittlauchhalmen und -röllchen sowie Zitronenscheiben garnieren.
Getränk: leichter Rotwein, z. B. Lambrusco/Emilia Romagna.

Zubereitungszeit ca. 40 Min
Portion ca. 320 kcal / 1340 kJ
E 10 g, F 30 g, KH 1 g

Steinpilze „all'olio"

Zutaten für 4 Personen:

- **400 g frische Steinpilze**
- **2 Schalotten oder 1 kleine Zwiebel**
- **1 Knoblauchzehe**
- **2–3 EL Olivenöl**
- **Salz**
- **schwarzer Pfeffer**
- **1 Bund Petersilie**
- **1 TL Zitronensaft**

1 Steinpilze mit einem feuchten sauberen Tuch oder Küchenpapier abreiben. Putzen und den Schwamm entfernen. Stiele evtl. schälen. Pilze in dünne Scheiben schneiden.

2 Schalotten und Knoblauch schälen, fein hacken und im heißen Öl glasig dünsten. Steinpilze zufügen und 8–10 Minuten braten, bis die gesamte Flüssigkeit verdampft ist. Mit Salz und Pfeffer würzen.

3 Petersilie waschen, trockenschütteln, fein hacken und zusammen mit dem Zitronensaft kurz vor dem Servieren unter die Pilze heben. Dazu passt italienisches Weißbrot oder gerösteter Toast.
Getränk: vollmundiger Rotwein, z. B. Rosso di Montalcino/Toskana.

Zubereitungszeit ca. 35 Min.
Portion ca. 80 kcal / 330 kJ
E 4 g, F 5 g, KH 3 g

EXTRA-TIPP

Steinpilze (porcini) sind in Italien sehr beliebt. Frisch oder getrocknet verfeinern sie Suppen, Pastasaucen, Risotto, Polenta und Schmorgerichte. Frische Pilze schnell verbrauchen, denn auch im Kühlschrank halten sie sich nur kurze Zeit.

Artischocken mit Schafskäsecreme

Zutaten für 4 Personen:

- 8 Artischocken (à ca. 150 g)
- Salz, 7 EL Zitronensaft
- 5 Schalotten oder kleine Zwiebeln
- 1–2 Knoblauchzehen
- 300 g Schafskäse
- 4 EL Mascarpone (ital. Frischkäse)
- 4 EL Pesto (Glas)
- 2 EL rosa Beeren (pfefferähnliches Gewürz)
- evtl. Basilikum und
- Zitronenecken zum Garnieren

1 Artischocken gründlich waschen und in kochendem Salzwasser mit 5 EL Zitronensaft ca. 30 Minuten garen. Inzwischen Schalotten und Knoblauch schälen und fein hacken.

2 Schafskäse mit einer Gabel zerdrücken. Mascarpone, Pesto und 2 EL Zitronensaft unterrühren. Schalotten und Knoblauch zufügen, unterheben.

3 Artischocken mit einer Schaumkelle herausnehmen und längs halbieren. Innere Blätter und das Artischocken-„Heu" herauslösen. Artischockenhälften mit der Schafskäsecreme füllen.

Mit zerstoßenen rosa Beeren bestreuen. Mit Basilikumblättern und Zitronenecken garnieren.
Getränk: trockener Weißwein, z. B. Trebbiano d'Abruzzo/Abruzzen.

Zubereitungszeit ca. 30 Min.
Portion ca. 380 kcal / 1590 kJ
E 17 g, F 29 g, KH 9 g

Carpaccio mit Champignons

Zutaten für 6 Personen:

- 600 g Rinderfilet
- je ½ Bund/Töpfchen Majoran und Estragon
- 1 Knoblauchzehe
- 3 EL Weinessig
- Salz
- weißer Pfeffer
- 6 EL Öl
- 100 g Champignons
- evtl. frisch gehobelter Parmesan-Käse
- Alufolie

1 Fleisch in Alufolie einschlagen und vor dem Servieren 1 Stunde ins Gefrierfach legen.

2 Kräuter waschen, trockenschütteln und fein hacken. Knoblauch schälen und fein hacken. Beides mit Essig verrühren. Mit Salz und Pfeffer abschmecken. Zuletzt das Öl darunter schlagen.

3 Champignons mit einer Pilzbürste oder Küchenpapier abreiben und putzen, dann in Scheiben schneiden. Fleisch aus der Folie nehmen und (am besten auf einer Aufschnitt-Maschine) in hauchdünne Scheiben schneiden. Fleisch und Champignons auf Tellern anrichten und mit der Marinade beträufeln. Evtl. frisch gehobelten Parmesan-Käse dazureichen. Dazu: italienisches Weißbrot.

Getränk: kräftiger Weißwein, z. B. Sauvignon Blanc/Friaul.

Zubereitungszeit ca. 45 Min.
Wartezeit ca. 1 Std.
Portion ca. 220 kcal / 920 kJ
E 23 g, F 12 g, KH 3 g

EXTRA-TIPP

Dieses Gericht aus hauchdünnen, rohen Rindfleischscheiben wurde in Harry's Bar in Venedig erfunden. Inzwischen wird der Name Carpaccio weltweit für dünne Scheiben von Fleisch, Fisch und Gemüse verwendet.

Gebratene Garnelen mit Knoblauch

Zutaten für 4 Personen:

- **8 rohe, große Garnelen (à ca. 70 g) oder 16 Scampi mit Schale**
- **6 EL Olivenöl**
- **2 Knoblauchzehen**
- **1 Bund glatte Petersilie**
- **1 unbehandelte Zitrone**
- **Salz**
- **weißer Pfeffer**
- **Zitronenscheiben zum Garnieren**

1 Die Garnelen waschen und gut trockentupfen. Längs am Rücken aufschneiden und den schwarzen Darm herauslösen. Die Schale aber nicht entfernen. Öl erhitzen. Die Garnelen darin ca. 5 Minuten braten.

2 Knoblauch schälen und in Scheiben schneiden. Zum Schluss im Öl mit andünsten. Petersilie waschen und, bis auf etwas zum Garnieren, in feine Streifen schneiden. Zitrone waschen, abtrocknen. Die Schale abraspeln und den Saft auspressen.

3 Garnelen mit Zitronensaft beträufeln und Petersilienstreifen zufügen. Mit Salz und Pfeffer würzen. Auf Tellern anrichten und mit Zitronenscheiben und übriger Petersilie garnieren.
Getränk: frischer Weißwein, z. B. Verduzzo/Friaul.

Zubereitungszeit ca. 20 Min.
Portion ca. 230 kcal / 960 kJ
E 23 g, F 13 g, KH 3 g

Schinken & Wurst

Italien: Schlaraffenland für Wurst- und Schinken-Liebhaber. Ein Zentrum der fleischlichen Genüsse ist die Emilia Romagna, aber auch andere Provinzen haben viel zu bieten

DAS ITALIENISCHE TOP-DUO

Der milde, nur wenig gesalzene Parmaschinken gehört zu den Produkten mit dem EU-Siegel für „geschützte Ursprungsbezeichnung" (g. U.). Die Schweine, die die Keulen für diesen Schinken liefern, werden in bäuerlichen Betrieben in Nord- und Zentralitalien aufgezogen. Sie müssen mindestens 9 Monate alt und 150 kg schwer sein. Die Produktion ist auf das Vorgebirge und die Gebirge der Provinz Parma begrenzt und dauert inklusive Reifezeit wenigstens 12 Monate. In großen Reifehallen werden die Schinken von der würzigen Luft der Mittelmeerwinde getrocknet. Nur Schinken, die alle Qualitätsansprüche des „Consorzio del Prosciutto di Parma" und der EU erfüllen, erhalten vom unabhängigen „Istituto Parma Qualità" das Brandzeichen mit der Krone der Herzöge von Parma.

San-Daniele-Schinken schmeckt mild-süßlich, hat mageres, rosiges Fleisch und ist weich im Schnitt. Typisch für diese Spezialität ist der noch vorhandene Schweinefuß. Die Keulen stammen von schwergewichtigen, in Italien gemästeten Schweinen. Die gesamte Verarbeitung vom Pökeln bis zur Reife darf nur in San Daniele (Friaul) erfolgen. Im Unterschied zu anderen Schinken wird der San Daniele nach dem Einsalzen zur weiteren Entwässerung gepresst, bis er seine typische Mandolinenform hat. Im günstigen Mikroklima von San Daniele reift er dann in weiträumigen Hallen durch natürliche Lufttrocknung mindestens 9 Monate. Das Gütesiegel des Konsortiums (ein Schinken mit den Initialen SD) garantiert die lückenlose Kontrolle von der Aufzucht der Schweine bis zum fertigen Produkt.

WEITERE DELIKATESSEN AUS DER KEULE

Eine herzhafte Spezialität aus dem Norden ist der Südtiroler Speck, eine ausgebeinte Schweinekeule ohne Nuss, die zunächst in ihre platte Form gepresst und dann mit grobem Meersalz und Kräutern gebeizt wird. Zum Schluss wird der Speck über Ahorn- und Buchenspänen kalt geräuchert.

Ein Leckerbissen aus der Hinterkeule des Schweins ist auch der Culatello aus Piacenza (Emilia Romagna). Er stammt aus dem Kernteil, der Stelle, wo die Muskeln am weichsten sind. Das zugeschnittene Fleisch wird gesalzen, nach 2–3 Tagen „massiert" und evtl.

neu gesalzen. Von einem Naturdarm umhüllt, wird der Culatello 6–12 Monate luftgetrocknet. Dabei verliert er bis zu 40 % an Gewicht.

Die Bresaola, ein Produkt aus dem Veltlin (Valtellina/Lombardei), ist mit dem Bündner Fleisch verwandt. Ganze Muskelteile von Rinder- und Ochsenschenkeln werden dafür trocken gesalzen und pikant gewürzt. Nach dem Pökeln wird die Bresaola gewaschen, in eine Hülle gegeben und dann 3–4 Monate luftgetrocknet.

WÜRZIGE SPEZIALITÄTEN VOM SCHWEIN

Coppa ist eine trocken gesalzene, mit natürlichen Aromastoffen gewürzte und anschließend luftgetrocknete Spezialität aus dem Schweinehals. Man stellt sie in verschiedenen Regionen Italiens her. Feinschmecker schwärmen allerdings besonders für Coppa aus Parma und Piacenza.

Unentbehrlich für die Zubereitung vieler Gerichte ist Pancetta, luftgetrockneter Bauchspeck.

SALAMI IN VIELEN VARIANTEN

Vom lateinischen „salumen" (in Salz aufbewahrt) hat die Salami ihren Namen. In Italien wird sie seit eh und je nach überlieferten Verfahren auf vielerlei Art hergestellt, und zwar aus bestem mageren Schweinefleisch, evtl. durch etwas Rindfleisch ergänzt. Das zerkleinerte, gepökelte und gewürzte Fleisch wird in Natur- oder Kunstdärme gefüllt und stufenweise luftgetrocknet.

Weltbekannt ist die feinkörnige Salame Milano aus Schweine- und evtl. max. 20 % Rindfleisch. Gemahlener oder ganzer Pfeffer, Knoblauch und evtl. Wein geben ihr Würze. Die in einen Pferdedarm gefüllte Wurst wird mit einer Schnur eingebunden oder in ein Netz verpackt. Sie zeichnet sich durch einen delikaten Duft und milden Geschmack aus. Typisch für die Finocchiona aus der Toskana ist das feine Fenchelaroma. Ansonsten hat fast jede Region ihre eigene Spezialität.

GEKOCHTE WÜRSTE

Ähnlich wie die Salami kann auch die Mortadella auf eine jahrhundertealte Tradition verweisen. Von höchster Qualität ist die tellergroße Mortadella di Bologna, die nur aus magerem Schweinefleisch hergestellt werden darf. Das feine Wurstbrät ist mit kernigen Speckstückchen und evtl. Pistazien durchsetzt.

Eine klassische Wurst aus der Emilia Romagna ist der Zampone. Grob gehacktes, nach alten Rezepten gewürztes Schweinefleisch wird in die Schwarte eines Schweinefußes gefüllt und in Heißluftkammern gegart. Füllt man die gleiche Masse in einen Schweine-Naturdarm, heißt das Produkt Cotechino. Beide werden in der Regel heiß verzehrt, und zwar vor allem in den Wintermonaten. Oft begleiten sie die zur Jahreswende beliebten Linsengerichte.

Italien-Urlauber wissen auch den vorzüglichen Kochschinken (prosciutto cotto) zu schätzen, der ebenfalls in vielen regionalen Varianten angeboten wird.

ITALIEN-RUNDREISE FÜR GENIESSER

Parmaschinken

San-Daniele-Schinken

Pancetta

Bresaola

Salame Milano

Finocchiona

Culatello

Mortadella

Zampone

Avanti! Su

Diese leckeren Kompositionen mit viel aromatischem Gemüse, serviert man zum Beispiel als ersten Gang – „primo piatto“ – nach den Antipasti

Toskanische Gemüsesuppe

Zutaten für 4 Personen:

- **5 Fleischtomaten (ca. 750 g)**
- **500 g Staudensellerie**
- **300 g grüne Bohnen (frisch od. TK)**
- **1 EL schwarze Oliven ohne Stein**
- **2 Dosen (à 425 ml) weiße ital. Bohnenkerne**
- **2 Knoblauchzehen**
- **2 EL Olivenöl**
- **1 l Gemüsebrühe**
- **Salz, weißer Pfeffer**
- **getrocknete ital. Kräuter**
- **100 g kurze kleine Nudeln (z. B. Pennettini oder Maccheroni)**
- **10 g Butter/Margarine**

1 Tomaten waschen und je nach Größe vierteln oder achteln. Staudensellerie putzen, waschen und schräg in Stücke schneiden. Bohnen putzen, waschen, halbieren.

2 Oliven evtl. klein schneiden. Bohnenkerne kurz abspülen, abtropfen lassen. Knoblauch schälen.

3 Olivenöl in einem Topf erhitzen, Knoblauch durch eine Knoblauchpresse hineindrücken und kurz anbraten. Sellerie und grüne Bohnen zufügen, kurz andünsten. Mit Brühe ablöschen und aufkochen. Mit Salz, Pfeffer und Kräutern würzen. Bei schwacher Hitze ca. 10 Minuten köcheln.

4 Tomaten und Bohnenkerne zufügen, ca. 5 Minuten weitergaren. Inzwischen Nudeln in kochendem Salzwasser ca. 10 Minuten bissfest garen. In einem Sieb gut abtropfen lassen.

5 Fett in einer Pfanne erhitzen und die Nudeln darin unter Wenden goldgelb braten. Oliven in die Suppe geben und alles nochmals abschmecken. Suppe portionsweise mit den Nudeln anrichten. **Getränk:** frischer Weißwein, z. B. Orvieto Classico/Umbrien.

Zubereitungszeit ca. 50 Min.
Portion ca. 320 kcal / 1340 kJ
E 15 g, F 7 g, KH 46 g

ppen & Eintöpfe

Tomatensuppe mit Crostini

Zutaten für 4 Personen:

- **1 mittelgroße Zwiebel**
- **1 Knoblauchzehe**
- **250 g Tomaten**
- **5 EL Olivenöl**
- **1 EL Tomatenmark**
- **1 Dose (850 ml) Tomaten**
- **1 Lorbeerblatt**
- **1–2 Stiele Thymian**
- **¼ l Gemüsebrühe**
- **4 kleine Weißbrotscheiben**
- **50 g enkernte schwarze Oliven**
- **ca. 1 EL Kapern (Glas)**
- **1 Sardellenfilet (Glas)**
- **Salz, schwarzer Pfeffer**
- **125 g Mozzarella-Käse**
- **frisches Basilikum zum Garnieren**

1 Zwiebel und Knoblauch schälen und fein hacken. Tomaten waschen und in grobe Stücke schneiden.

2 1 EL Öl im Topf erhitzen. Zwiebel und Knoblauch darin andünsten. Tomatenmark zufügen und kurz mit anschwitzen. Tomaten, Dosentomaten mit Saft, Lorbeer und Thymian zufügen. Gemüsebrühe angießen. Aufkochen, ca. 20 Minuten köcheln.

3 Inzwischen Weißbrotscheiben mit 2 EL Öl beträufeln und in einer heißen Pfanne goldgelb rösten. Herausnehmen und beiseite legen.

4 Oliven, Kapern, Sardellenfilet und 2 EL Öl in einem Universal-Zerkleinerer nicht zu fein pürieren. Brotscheiben mit der Olivenpaste bestreichen.

5 Suppe durch ein grobes Sieb streichen. In den Topf zurückgeben und wieder erhitzen. Mit Salz und Pfeffer abschmecken. Mozzarella in kleine Würfel schneiden. Suppe in Tellern anrichten, je 1 Brotscheibe darauf geben, einige Mozzarellawürfel in die Suppe geben und dann mit Basilikumblättchen garnieren.
Getränk: trockener Rotwein, z. B. Primitivo/Apulien.

Zubereitungszeit ca. 40 Min.
Portion ca. 280 kcal / 1170 kJ
E 10 g, F 20 g, KH 14 g

Zucchini-Cremesuppe mit Gnocchi

Zutaten für 4 Personen:

- **1 mittelgroße Zwiebel**
- **500 g Zucchini**
- **2 EL Butter/Margarine, 2 EL Mehl**
- **¾ l Gemüsebrühe**
- **1 Packung (400 g) Gnocchi (aus dem Kühlregal)**
- **Salz, weißer Pfeffer**
- **100 g Schlagsahne**
- **½ Bund Schnittlauch**
- **½ TL rosa Beeren (pfefferähnliches Gewürz)**
- **50 g Mascarpone (ital. Frischkäse)**

1 Zwiebel schälen und fein würfeln. Zucchini putzen, waschen und trockenreiben. Mit einer Küchenreibe in dünne Streifen raspeln.

2 Fett in einem Topf erhitzen. Zwiebel darin glasig dünsten. Zucchini, bis auf 100 g, darin andünsten. Mehl darüber stäuben und anschwitzen. Mit ½ l Brühe ablöschen, aufkochen. Zugedeckt bei mittlerer Hitze ca. 15 Minuten kochen.

3 Gnocchi in siedendem Salzwasser 2–3 Minuten erhitzen. Zucchini in der Brühe pürieren. ¼ l Brühe und 100 g Schlagsahne hineinrühren und aufkochen. Mit Salz und Pfeffer abschmecken. Gnocchi abtropfen lassen und in die Suppe geben.

4 Schnittlauch waschen, gut trockenschütteln und in feine Röllchen schneiden. Rosa Beeren zerstoßen. Suppe auf Tellern anrichten. Den Mascarpone als Klecks darauf geben. Mit Schnittlauchröllchen, restlichen Zucchinistreifen und den zerstoßenen rosa Beeren bestreuen.

Getränk: trockener Weißwein, z. B. Gavi di Gavi/Piemont.

Zubereitungszeit ca. 35 Min.
Portion ca. 370 kcal / 1550 kJ
E 7 g, F 17 g, KH 44 g

Livorneser Fischtopf

Zutaten für 4 Personen:

- **1,2 kg küchenfertige Fische (z. B. Rotbarbe, Kabeljau und Tintenfische)**
- **4 große rohe Garnelen**
- **250 g Staudensellerie**
- **375 g Möhren**
- **2 Zwiebeln**
- **4 Knoblauchzehen**
- **Salz, weißer Pfeffer**
- **1 Dose (850 ml) Tomaten**
- **4 EL Olivenöl**
- **¼ l Weißwein**
- **½ Bund oder 1 TL getr. Thymian**

1 Fische waschen, eventuell filetieren und in große Stücke schneiden. Die Fischabschnitte aufbewahren. Tintenfische in Ringe schneiden. Die Garnelen schälen und waschen, am Rücken einschneiden und den schwarzen Darm entfernen.

2 Sellerie putzen, waschen und in Scheiben schneiden. Möhren schälen, waschen und würfeln. Zwiebeln und Knoblauch schälen, hacken.

3 Fischabschnitte und ½ l Wasser aufkochen. Je die Hälfte Sellerie, Möhren, Zwiebeln und Knoblauch zufügen. Alles salzen und 30 Minuten köcheln lassen.

4 Tomaten abtropfen lassen und grob würfeln. Öl erhitzen. Rest Gemüse, Zwiebeln, Knoblauch und Tintenfische darin andünsten. Tomaten und Wein zufügen. Alles ca. 15 Minuten köcheln, anschließend würzen.

5 Kabeljau und Garnelen zufügen. Fischfond durchsieben, die Hälfte angießen. 5 Minuten köcheln.

6 Rotbarbe und restlichen Fond zufügen und 10 Minuten köcheln lassen. Thymian waschen und hacken. Fischsuppe mit Salz, Pfeffer und Thymian abschmecken.
Getränk: kühler Weißwein, z. B. Vernaccia di San Gimignano/Toskana.

Zubereitungszeit ca. 1 ½ Std.
Portion ca. 520 kcal / 2180 kJ
E 68 g, F 12 g, KH 13 g

Minestrone mit Nudeln

Zutaten für 4 Personen:

- **je 250 g Wirsingkohl, Möhren und Staudensellerie**
- **1 kleine Zucchini**
- **1 mittelgroße Zwiebel**
- **2 EL Olivenöl**
- **1 l Gemüsebrühe**
- **50 g Suppennudeln (z. B. Ditaloni Rigati)**
- **2 Tomaten**
- **1 Dose (425 ml) weiße ital. Bohnenkerne**
- **150 g TK-Erbsen**
- **Salz, weißer Pfeffer**
- **40 g Parmesan-Käse (im Stück)**

1 Gemüse putzen, waschen und klein schneiden. Zwiebel schälen und würfeln. Alles im heißen Öl andünsten. Mit Brühe ablöschen und ca. 15 Minuten kochen.

2 Nudeln nach ca. 5 Minuten zufügen. Tomaten kreuzweise einschneiden, mit heißem Wasser überbrühen, häuten und würfeln. Bohnenkerne in einem Sieb abtropfen lassen. Tomaten, Bohnen und Erbsen ca. 5 Minuten vor Ende der Garzeit zufügen.

3 Minestrone mit Salz und Pfeffer abschmecken. Parmesan reiben und kurz vor dem Servieren darüber streuen. Dazu schmeckt Ciabatta-Brot. **Getränk:** trockener Weißwein, z. B. Trebbiano di Romagna/ Emilia Romagna.

Zubereitungszeit ca. 40 Min.
Portion ca. 350 kcal / 1470 kJ
E 21 g, F 9 g, KH 45 g

Alles paletti

Ein Tag ohne Nudeln ist für Italiener wie ein Sommer ohne Sonne. Wen wundert's – bei so viel köstlichen Varianten? Ob „tradizionale“ oder „moderna“, hier ist jedes Rezept einen Versuch wert

Bunte Pastaplatte

mit Pasta
Cremige
Möhrensoße
Fruchtige
Putensoße
Sahnesoße mit
Spargel & Klößchen
Salbei-Tomaten-Soße
mit Kalbsleber

Bunte Pastaplatte

Zutaten für 6–8 Personen:

- 750 g–1 kg Nudeln (z. B. Spaghetti, gelbe und grüne Bandnudeln, Gnocchinudeln etc.), Salz

Nudeln in reichlich kochendem Salzwasser nach Sorten getrennt jeweils ca. 10 Minuten (s. Packungsanweisung) garen. Abgießen, auf einer Platte anrichten. Soßen dazureichen.

Zubereitungszeit ca. 20 Min.
Portion ca. 350 kcal / 1470 kJ
E 12 g, F 3 g, KH 66 g

Salbei-Tomaten-Soße mit Kalbsleber

Zutaten für 6–8 Personen:

- 50 g durchwachsener Speck (z. B. Pancetta)
- 1 EL Olivenöl
- 1 mittelgroße Zwiebel
- 200 g Kalbsleber
- Salz, weißer Pfeffer
- 2–3 Salbeiblätter
- 2 mittelgroße Tomaten
- 1 Packung (500 g) stückige Tomaten
- etwas Zitronensaft

Speck würfeln und im Öl ausbraten. Zwiebel schälen, hacken, zufügen. Leber waschen, trockentupfen und würfeln. 2–3 Minuten mitbraten, würzen und herausnehmen. Salbei waschen, fein schneiden und kurz andünsten. Tomaten würfeln. Mit den stückigen Tomaten zugeben, ca. 10 Minuten köcheln. Leber zufügen. Mit Salz, Pfeffer, Zitrone abschmecken.

Zubereitungszeit ca. 20 Min.
Portion ca. 90 kcal / 370 kJ
E 7 g, F 5 g, KH 3 g

Fruchtige Putensoße

Zutaten für 6–8 Personen:

- 400 g Putenbrust
- 6 Aprikosenhälften und 6 EL Aprikosensaft (Dose)
- 2 Lauchzwiebeln
- 2 EL (40 g) Mandeln ohne Haut
- 1 EL Öl, Salz, weißer Pfeffer
- 1 EL (10 g) Mehl
- 100 g Schlagsahne
- 100 ml Milch
- ca. ½ TL Chilipulver

Fleisch und Aprikosen würfeln. Lauchzwiebeln putzen, waschen, klein schneiden. Mandeln grob hacken, in einer Pfanne rösten, herausnehmen. Öl erhitzen. Fleisch darin 2–3 Minuten anbraten. Lauchzwiebeln kurz mitbraten. Mit Salz und Pfeffer würzen. Mehl darüber stäuben, kurz anschwitzen. Unter Rühren mit Saft, Sahne und Milch ablöschen, ca. 5 Minuten köcheln. Mit Chilipulver abschmecken. Aprikosen und Mandeln unterheben.

Zubereitungszeit ca. 25 Min.
Portion ca. 160 kcal / 670 kJ
E 14 g, F 8 g, KH 6 g

Cremige Möhrensoße

Zutaten für 6–8 Personen:

- 1 Knoblauchzehe
- 1 Zwiebel
- 3–4 Möhren (ca. 375 g)
- 1 TL Öl
- 1 TL Gemüsebrühe (Instant)
- 2 EL (40 g) Mascarpone oder Crème fraîche
- Salz
- weißer Pfeffer
- 1 Bund/Töpfchen Kerbel

Knoblauch und Zwiebel schälen, hacken. Möhren schälen, waschen und würfeln. Öl erhitzen. Knoblauch, Zwiebel und Möhren darin ca. 5 Minuten dünsten. ⅜ l Wasser und Brühe einrühren, aufkochen. Ca. 10 Minuten köcheln, dann pürieren. Mascarpone einrühren, Soße abschmecken. Kerbel waschen und abzupfen. Über die Soße streuen.

Zubereitungszeit ca. 30 Min.
Portion ca. 40 kcal / 160 kJ
E 1 g, F 3 g, KH 3 g

Sahnesoße mit Spargel & Klößchen

Zutaten für 6–8 Personen:

- 200 g grüner Spargel
- 1 kleine Zwiebel
- 1 EL (10 g) Butter
- 200 g feine ungebrühte Bratwurst
- 5 EL Weißwein
- 400 ml Gemüsebrühe
- 1–2 EL Mehl
- 100 ml Schlagsahne
- Salz, weißer Pfeffer
- 20 g Parmesan-Käse (Im Stück)

Spargel waschen, Enden abschneiden. Spargel in Scheiben schneiden. Zwiebel schälen, würfeln. Butter erhitzen. Wurstbrät als Klößchen hineindrücken, anbraten. Spargel und Zwiebel kurz mitbraten. Mit Wein und Brühe ablöschen, aufkochen. 6–8 Minuten köcheln lassen. Mehl in die Sahne rühren. Soße damit binden, ca. 5 Minuten köcheln. Abschmecken. Käse darüber reiben.

Zubereitungszeit ca. 25 Min.
Portion ca. 150 kcal / 630 kJ
E 5 g, F 13 g, KH 3 g

GETRÄNKE-TIPP

In Italien wird zu jeder Mahlzeit kühles Tafelwasser bzw. Mineralwasser gereicht.
Als Begleitung zur Pastaplatte eignet sich ein leichter Weißwein, z. B. ein Est! Est!! Est!!! di Montefiascone aus Latium oder Verdicchio aus den Marken.
Wer lieber Rotwein mag, kann einen trockenen Lambrusco aus der Emilia Romagna wählen.

Penne all'arrabbiata

Zutaten für 4 Personen:

- 1 mittelgroße Zwiebel
- 1 Knoblauchzehe
- ½–1 Chilischote oder ½ TL Chilipulver
- 500 g Penne (kurze Röhrennudeln)
- Salz, schwarzer Pfeffer, Zucker
- 2 EL Olivenöl
- 1 Packung (500 g) stückige Tomaten
- 1 Bund/Töpfchen Petersilie
- ca. 75 g Parmesan-Käse (im Stück)

1 Zwiebel und Knoblauch schälen und fein hacken. Die Chilischote waschen, entkernen und in feine Ringe schneiden.

2 Nudeln in reichlich kochendes Salzwasser geben und darin ca. 10 Minuten bissfest garen.

3 Öl erhitzen. Vorbereitete Zutaten darin andünsten. Mit stückigen Tomaten ablöschen. Ca. 5 Minuten köcheln lassen. Mit Salz, Pfeffer und Zucker abschmecken. Petersilie waschen, trockenschütteln, hacken und unter die Soße rühren.

4 Nudeln abgießen und sofort mit der Soße anrichten. Parmesan-Käse reiben. Vor dem Servieren üppig auf Nudeln und Soße streuen.
Getränk: trockener Rotwein, z. B. Sangiovese/Toskana.

Zubereitungszeit ca. 30 Min.
Portion ca. 580 kcal / 2440 kJ
E 24 g, F 13 g, KH 89 g

Spaghetti all'amatriciana

Zutaten für 4 Personen:

- 2 mittelgroße Zwiebeln
- 100 g Schinkenspeck
- 2 Stiele frischer oder
  1 TL getrockneter Salbei
- 1–2 EL Olivenöl
- 1 Dose (850 ml) Tomaten
- Salz
- weißer Pfeffer
- 400–500 g Spaghetti
- 2 Tomaten
- 50 g Hartkäse (im Stück;
  z. B. Pecorino oder Parmesan)

1 Zwiebeln schälen und fein würfeln. Speck ebenfalls fein würfeln. 1 Stiel Salbei waschen, Blättchen abzupfen und in feine Streifen schneiden.

2 Öl in einem Topf erhitzen. Zwiebeln und Speck darin anbraten. Dosentomaten mit Saft zufügen und grob zerkleinern. Mit Salz, Pfeffer und Salbei würzen. Die Tomaten bei mittlerer Hitze ca. 10 Minuten schmoren. Spaghetti in reichlich kochendes Salzwasser geben und 8–10 Minuten garen.

3 Tomaten waschen, vierteln und entkernen. Dann fein würfeln und in der Soße erhitzen, abschmecken. Spaghetti abtropfen lassen und mit der Soße anrichten. Käse darüber reiben. Spaghetti mit dem restlichen Salbei garnieren.
Getränk: fruchtiger Rotwein, z. B. Chianti Classico/Toskana.

Zubereitungszeit ca. 30 Min.
Portion ca. 630 kcal / 2640 kJ
E 21 g, F 25 g, KH 77 g

EXTRA-TIPP

Pasta nie kalt abschrecken und auch kein Öl ins Kochwasser geben. Beides bewirkt zwar, dass die Nudeln weniger kleben, aber andererseits auch, dass sie weniger Soße aufnehmen.

Tagliatelle in Gorgonzola-Soße

Zutaten für 4 Personen:

- **400 g Tagliatelle oder Fettuccine (Bandnudeln)**
- **Salz**
- **100–150 g Gorgonzola-Käse**
- **50–80 g getrocknete Tomaten in Öl**
- **2 EL (ca. 30 g) Pinienkerne**
- **1 EL Öl**
- **¼ l Milch**
- **1–2 TL Gemüsebrühe**
- **2–3 EL heller Soßenbinder**
- **weißer Pfeffer**
- **½ Bund Petersilie**

1 Nudeln in reichlich kochendem Salzwasser 8–10 Minuten garen. Käse grob würfeln. Getrocknete Tomaten abtropfen lassen und in Streifen schneiden.

2 Pinienkerne in einer großen Pfanne im heißen Öl rösten, dann herausnehmen. Milch, ¼ l Wasser und Brühe in die Pfanne geben. Alles einmal aufkochen. Käse unter Rühren darin schmelzen.

3 Die Soße mit Soßenbinder leicht andicken und mit Salz und Pfeffer abschmecken. Getrocknete Tomaten darunter heben. Petersilie waschen und hacken. Die Hälfte unter die Soße rühren.

4 Nudeln abgießen und gut abtropfen lassen. Sofort mit der Soße mischen und anrichten. Mit Pinienkernen und der restlichen Petersilie bestreuen.
Getränk: spritziger Roséwein, z. B. Bardolino Chiaretto/Gardasee.

Zubereitungszeit ca. 20 Min.
Portion ca. 580 kcal/ 2430 kJ
E 22 g, F 19 g, KH 76 g

Pasta mit Tomaten-Fondue & Garnelen

Zutaten für 4 Personen:

- 12 rohe Garnelen oder Scampi (à ca. 20 g; ohne Schale)
- 1 Bund Lauchzwiebeln
- 1 Knoblauchzehe
- 200 g Kirschtomaten
- 50 g getrocknete Tomaten in Öl
- 50 g schwarze Oliven ohne Stein
- 1 Bund/Töpfchen glatte Petersilie
- etwas getrockneter Chili oder Chilipulver
- 400 g Casareccia (kurze gedrehte Nudeln) oder Penne
- Salz, 2 EL Olivenöl, Zucker
- 200 ml stückige Tomaten (Packung)

1 Garnelen waschen, abtupfen. Lauchzwiebeln putzen, waschen, in Scheiben schneiden. Knoblauch schälen und hacken. Kirschtomaten waschen und halbieren. Getrocknete Tomaten abtropfen lassen und in Streifen schneiden. Oliven halbieren. Petersilie waschen und grob hacken. Chili grob hacken.

2 Nudeln in reichlich kochendes Salzwasser geben und ca. 10 Minuten bissfest garen.

3 1 EL Öl in einer beschichteten Pfanne erhitzen. Garnelen darin unter Wenden 2–3 Minuten braten. Herausnehmen und warm stellen. 1 EL Öl (oder Tomatenöl) in der Pfanne erhitzen. Lauchzwiebeln und Knoblauch darin andünsten. Kirschtomaten zufügen und mit etwas Zucker andünsten (glasieren). Mit stückigen Tomaten ablöschen und aufkochen. Mit Salz und Chili abschmecken.

4 Getrocknete Tomaten, Oliven und Petersilie in die Soße rühren. Die Nudeln abtropfen lassen und in der Tomatensoße schwenken. Mit den Garnelen anrichten.
Getränk: trockener Rotwein, z. B. Montepulciano d'Abruzzo/Abruzzen.

Zubereitungszeit ca. 30 Min.
Portion ca. 510 kcal / 2140 kJ
E 23 g, F 10 g, KH 79 g

Linguine mit Basilikum-Käse-Soße

Zutaten für 4 Personen:

- **400 g Linguine oder Bavette (dünne Bandnudeln)**
- **Salz**
- **200 ml Geflügelbrühe**
- **100 g kalte Butter**
- **80 g Gorgonzola-Käse**
- **1 Bund/Töpfchen Basilikum**
- **schwarzer Pfeffer**
- **geriebene Muskatnuss**

1 Nudeln in reichlich kochendes Salzwasser geben und ca. 8 Minuten bissfest garen.

2 Brühe aufkochen. Die Butter in Stückchen einrühren und leicht sämig einkochen lassen. Gorgonzola in Stückchen schneiden. Basilikum waschen und, bis auf etwas zum Garnieren, in Streifen schneiden.

3 Nudeln gut abtropfen lassen und in die Geflügel-Butter-Soße geben. Gorgonzola und Basilikum darunter mischen. Mit Salz, Pfeffer und Muskat abschmecken. Anrichten und mit restlichem Basilikum garnieren.
Getränk: prickelnder Weißwein, z. B. Prosecco di Conegliano Valdobbiadene/Venetien.

Zubereitungszeit ca. 25 Min.
Portion ca. 600 kcal / 2520 kJ
E 14 g, F 27 g, KH 72 g

Penne mit Tomaten-Thunfisch-Soße

Zutaten für 2–3 Personen:

- 250 g Penne rigate (kurze gerillte Röhrennudeln)
- Salz, schwarzer Pfeffer
- 1 mittelgroße Zwiebel
- 1 Knoblauchzehe
- 1 EL Öl
- 1 Dose (200 g) Thunfisch-Filetstücke im eigenen Saft
- 1 Glas (400 ml) Tomatensoße mit Basilikum
- 1 TL Gemüsebrühe (Instant)
- 2 EL schwarze Oliven
- 3 Stiele Basilikum
- 30 g Parmesan-Käse (im Stück)

1 Nudeln in reichlich kochendem Salzwasser 10–12 Minuten bissfest garen. Zwiebel und Knoblauch schälen und fein würfeln.

2 Öl in einem Topf erhitzen. Zwiebel und Knoblauch darin glasig dünsten. Thunfisch abtropfen lassen und etwas zerkleinern. Zwiebel mit 100 ml Wasser und Tomatensoße ablöschen.

3 Brühe einrühren. Thunfisch und Oliven unter die Tomatensoße heben. Alles vorsichtig erhitzen (nicht kochen!). Die Soße mit Salz und Pfeffer würzig abschmecken.

4 Basilikum waschen und trockenschütteln. Blättchen abzupfen. Etwas zum Garnieren beiseite legen. Rest in Streifen schneiden und zur Soße geben. Käse reiben. Nudeln abgießen und mit der Soße anrichten. Mit Parmesan-Käse bestreuen und mit Rest Basilikum garnieren.
Getränk: trockener Rotwein, z. B. Rosso di Sicilia/Sizilien.

Zubereitungszeit ca. 25 Min.
Portion ca. 550 kcal / 2310 kJ
E 28 g, F 15 g, KH 71 g

Spaghetti alla carbonara

Zutaten für 4 Personen:

- **400 g Spaghetti**
- **Salz**
- **100 g durchwachsener Speck (z. B. Pancetta)**
- **30 g Pecorino-Käse (im Stück)**
- **3 Eier**
- **3 EL Schlagsahne**
- **schwarzer Pfeffer**

1 Spaghetti in reichlich kochendes Salzwasser geben und ca. 10 Minuten garen. Abtropfen lassen.

2 Speck würfeln. In einer großen Pfanne knusprig auslassen. Käse reiben. Mit Eiern und Sahne verquirlen. Mit Salz und Pfeffer würzen.

3 Hälfte Speck herausnehmen und beiseite legen. Nudeln in die Pfanne geben, kurz darin schwenken. Eiersahne zugießen und schnell mit den Nudeln mischen. Alles auf einer Platte anrichten. Mit restlichem Speck bestreuen, sofort servieren.
Getränk: leichter Rotwein, z. B. Lambrusco/Emilia Romagna.

Zubereitungszeit ca. 25 Min.
Portion ca. 610 kcal / 2560 kJ
E 21 g, F 25 g, KH 71 g

EXTRA-TIPP

Wichtig ist, dass Sie Spaghetti und Eiermasse schnell vermischen, damit die Eier nicht stocken und die Soße cremig bleibt. Evtl. etwas Nudelwasser oder Sahne zufügen.

Makkaroni-Pastete „Timpano"

Zutaten für ca. 12 Stücke:

- 300 g + etwas Mehl
- 1 Ei (Gr. M)
- 175 g + 25 g + 25 g Butter/Margarine
- Salz, geriebene Muskatnuss
- 375 g Makkaroni
- 100–125 g Parmesan-Käse (im Stück)
- 200 g gekochter Schinken in Scheiben
- Fett für die Form
- 1 Eigelb
- 1 TL Milch

1 Mehl, Ei, 175 g Fett, ½ TL Salz und Muskat erst mit den Knethaken des Handrührgerätes, dann mit den Händen glatt verkneten. Den Teig zugedeckt ca. 30 Minuten kalt stellen.

2 Makkaroni in reichlich kochendem Salzwasser 8–10 Minuten bissfest garen. Dann gut abtropfen lassen.

3 Makkaroni in 25 g Fett schwenken. Auskühlen lassen. Käse reiben. Schinken in Streifen schneiden. Mit 75–100 g Parmesan unter die Nudeln mischen.

4 ⅔ des Mürbeteiges auf einer bemehlten Arbeitsfläche ausrollen. Boden und Rand einer gefetteten Springform (26 cm Ø) damit auslegen. Boden mehrmals einstechen. Nudelmischung hineinfüllen und 25 g Fett in Flöckchen darauf verteilen.

5 Rest Teig rund (26 cm Ø) ausrollen. Nudeln damit bedecken, Teig mehrmals einstechen. Pastete im vorgeheizten Backofen (E-Herd: 200 °C/ Umluft: 175 °C/Gas: Stufe 3) ca. 30 Minuten backen. Eigelb und Milch verquirlen. Nach ca. 20 Minuten auf die Pastete streichen. Mit übrigem Käse bestreuen und fertig backen.
Getränk: leichter Rotwein, z. B. Valpolicella/Venetien.

Zubereitungszeit ca. 1½ Std.
Stück ca. 420 kcal / 1760 kJ
E 14 g, F 21 g, KH 40 g

Nudel-Spinat-Auflauf „quattro formaggi"

Zutaten für 6 Personen:

- **500 g breite Bandnudeln (z. B. Pappardelle)**
- **Salz, weißer Pfeffer**
- **750 g Blattspinat, 2 Zwiebeln**
- **3–4 Knoblauchzehen**
- **2 EL Butter/Margarine**
- **1 geh. EL (20 g) Mehl**
- **1 Dose (850 ml) Tomaten**
- **1 TL getrocknete ital. Kräuter**
- **Cayennepfeffer**
- **8–10 EL Schlagsahne**
- **Fett für die Fettpfanne**
- **75 g Salami (dünne Scheiben)**
- **125 g Mozzarella-Käse**
- **100 g Gorgonzola-Käse**
- **75 g Bel-Paese-Käse**
- **50 g Parmesan-Käse (im Stück)**

1 Nudeln in reichlich kochendem Salzwasser ca. 5 Minuten vorgaren. Abtropfen und auskühlen lassen.

2 Spinat putzen und waschen. Zwiebeln und Knoblauch schälen, fein würfeln. Je die Hälfte Zwiebeln und Knoblauch in 1 EL heißem Fett andünsten. Spinat zufügen, andünsten. Mit Salz und Pfeffer würzen.

3 Rest Zwiebeln und Knoblauch in 1 EL heißem Fett andünsten. Mehl darüber stäuben, anschwitzen. Mit Tomaten samt Saft ablöschen, Tomaten zerkleinern. Mit Kräutern, Salz und Cayennepfeffer würzen, ca. 5 Minuten köcheln. Sahne zugeben und weitere ca. 5 Minuten köcheln. Abschmecken.

4 Die Nudeln zu Nestern drehen und auf eine gefettete Fettpfanne (ca. 32 x 39 cm; ca. 3,5 cm tief) oder in 2 Auflaufformen setzen. Spinat und Salami darauf verteilen. Soße darüber gießen. Mozzarella und Gorgonzola würfeln. Übrigen Käse reiben. Den gesamten Käse über die Nudeln streuen. Im vorgeheizten Backofen (E-Herd: 200 °C/Umluft: 175 °C/ Gas: Stufe 3) 25–30 Minuten backen.
Getränk: frischer Weißwein, z. B. Frascati Secco/Latium.

Zubereitungszeit ca. 1 ½ Std.
Portion ca. 670 kcal / 2810 kJ
E 33 g, F 28 g, KH 66 g

Pasta perfekt serviert

Italiener lieben ihre Pasta leidenschaftlich. Über Jahrhunderte kreierten sie mit viel Fantasie mehr als 600 Varianten. Hier ein Überblick

PASTA AL DENTE

Für 100 g Pasta 1 l Wasser aufkochen und 10 g Salz zufügen. Die auf der Packung angegebene Garzeit ist nur ein Richtwert. Am besten kurz vor deren Ablauf eine Nudel probieren. Al dente (bissfest) ist sie, wenn nach dem Durchbeißen noch ein weißer Punkt (die „Seele") zu sehen ist.

MAL MIT, MAL OHNE EI

Im Norden Italiens ist Pasta mit Ei (pasta all'uovo) der Favorit, die oft frisch (pasta fresca) hergestellt wird. Der Süden ist die Domäne der pasta secca, der getrockneten Nudeln. Es gibt sie in hunderten von Sorten und Formen, auch mit Tomatenmark (rot), Spinat (grün) oder Sepiatinte (schwarz) gefärbt. Aber ganz gleich ob mit oder ohne Ei, pasta secca wird stets aus Hartweizen hergestellt. Er macht sie formfest und verleiht ihr die goldgelbe Farbe. Der beste Hartweizen (Triticum durum) wächst rund um Neapel.

FORMEN-VIELFALT

Die Orientierung im „Pasta-Paradies" ist einigermaßen schwierig, da es für ein und dieselbe Nudelart nicht selten mehrere Namen gibt. Grob lassen sich drei Grundtypen unterscheiden:

Zur pasta lunga zählen die langen dünnen Sorten, angeführt von Spaghetti, Spaghettini (dünne Spaghetti) und Vermicelli (lange Fadennudeln), die Soßen auf Ölbasis lieben. Auch Bucatini (dickere Spaghetti mit Loch), Maccheroni, Tagliatelle, Linguine und Fettuccine (schmale Bandnudeln) gehören dazu. Sie eignen sich für fast alle Soßen.

Die Familie der pasta corta (kurze Nudeln) hat ebenfalls zahlreiche Mitglieder, z. B. Penne (kurze Röhrennudeln mit schrägem Anschnitt), Rigatoni (gerillte Hohlnudeln), Eliche (Schrauben), kurze Maccheroni, Gnocchi (Nocken) und Conchiglie (Muscheln). Sie erweisen sich als ideale Partner für reichhaltige Soßen und Ragouts. Farfalle, die dekorativen „Schmetterlinge", sind eine Augenweide im Salat und passen gut zu Sahne- und Tomatensoßen.

Lasagne, Teigplatten für geschichtete Aufläufe, und Cannelloni, große dicke Röhren zum Füllen, gehören zur Gruppe der pasta speciale. Hinzu kommen die vielen gefüllten Varianten – pasta ripiena – wie Tortellini (gebogene Teigtäschchen) und ihre „großen Brüder" Tortelloni, die beliebten Ravioli (rechteckig) oder Agnolotti (viereckige Pastakissen aus dem Piemont).

EXTRA-TIPP

Mit ca. 2 EL Tomatenmark können Sie den Pastateig rot färben

Pesto, die bekannteste italienische Kräutersoße, kommt aus Ligurien. Sie wird kalt über die heiße Pasta, z. B. „trenette“ (eckige Spaghetti), gegeben.

Pastateig ohne Ei

Zutaten für 4 Personen:

- **350 g Mehl**
- **½ TL Salz**
- **1 EL Essig**
- **Mehl für die Arbeitsfläche**

Mehl, Salz, Essig und ca. 250 ml Wasser zum geschmeidigen Teig verkneten. Zudecken, ca. 30 Minuten ruhen lassen. Anschließend nochmals kurz durchkneten und auf leicht bemehlter Arbeitsfläche dünn ausrollen oder mit der Nudelmaschine formen. Für Bandnudeln in Streifen schneiden. Zum Füllen z. B. in Quadrate schneiden. Jeweils 1 Quadrat mit Füllung (Käse, Spinat, Fleischfarce) belegen. Ränder mit Wasser anfeuchten, 2. Quadrat darauf legen, Ränder zusammendrücken. Bandnudeln ca. 3 Minuten, gefüllte 5–6 Minuten in kochendem Salzwasser garen.

Zubereitungszeit ca. 40 Min.
(ohne Wartezeit)
Portion ca. 300 kcal / 1260 kJ
E 9 g, F 1 g, KH 63 g

Pasta mit Ei & Hartweizengrieß

Zutaten für 4 Personen:

- **225 g Mehl**
- **75 g Hartweizengrieß**
- **1 Prise Salz**
- **5 EL Öl**
- **1 Ei (Gr. M)**
- **1 Eigelb**
- **Mehl für die Arbeitsfläche**

Mehl, Grieß und Salz in einer Schüssel vermischen. In die Mitte eine Mulde drücken, Öl und 4–5 EL lauwarmes Wasser hineingeben. Alles leicht verkneten. Ei und Eigelb unterarbeiten und Teig auf leicht bemehlter Arbeitsfläche mit den Händen kräftig kneten. Teig mit einem Nudelholz sehr dünn ausrollen und z. B. in ½ cm breite Streifen schneiden oder durch eine Nudelmaschine drehen. In reichlich kochendem Salzwasser 2–4 Minuten garen.

Zubereitungszeit ca. 25 Min.
(ohne Wartezeit)
Portion ca. 410 kcal / 1720 kJ
E 10 g, F 16 g, KH 54 g

Pesto alla genovese

Zutaten für 4 Personen:

- **2 EL Pinienkerne**
- **2 Bund/Töpfchen Basilikum**
- **2–3 Knoblauchzehen**
- **40 g Parmesan- oder Pecorino-Käse (im Stück)**
- **1 TL grobes Salz**
- **80–100 ml Olivenöl**
- **Salz, grober weißer Pfeffer**

Kerne ohne Fett rösten. Basilikum waschen, trockenschütteln und die Blättchen abzupfen. Knoblauch schälen. Käse reiben. Pinienkerne, grobes Salz, Knoblauch, Käse, Basilikum und etwas Öl in einem Mörser zerstoßen und zerreiben (oder alles in einem Universal-Zerkleinerer pürieren). Restliches Öl nach und nach unterrühren. Mit Salz und Pfeffer abschmecken. Durchziehen lassen.

Zubereitungszeit ca. 15 Min.
(ohne Wartezeit)
Portion ca. 260 kcal / 1090 kJ
E 5 g, F 25 g, KH 2 g

Cannelloni,

Gefüllte Pasta – da sagt keiner „basta!“ Vor allem in Norditalien werden die mit Fleisch, Gemüse oder Käse gefüllten Teigtaschen noch frisch hergestellt. Hier erfahren Sie, wie es gemacht wird

Ravioli auf Genueser Art

Zutaten für 4 Personen:

- **300 g + etwas Mehl, 4 Eier (Gr. M)**
- **Salz, schwarzer Pfeffer**
- **1 kleine Möhre (ca. 50 g)**
- **50 g Staudensellerie**
- **1 kleine Zwiebel, 1 Knoblauchzehe**
- **150 g Rinderhackfleisch**
- **2 EL Öl (z. B. Olivenöl)**
- **5 Stiele Majoran**
- **½ Bund/Töpfchen Basilikum**
- **50 g Parmesan-Käse (im Stück)**
- **1 TL Tomatenmark**
- **1 ungebrühte Bratwurst (ca. 125 g)**
- **ca. 2 EL Paniermehl, 50 g Butter**
- **frische Kräuter zum Garnieren**

1 300 g Mehl, 3 Eier, ½ TL Salz und 1–2 EL Wasser glatt verkneten. Teig in Folie 1 Stunde ruhen lassen. Gemüse schälen bzw. putzen und waschen. Zwiebel und Knoblauch schälen. Alles fein würfeln. Hack im heißen Öl anbraten. Gewürfelte Zutaten ca. 5 Minuten mitbraten. Kräuter waschen, hacken.

2 Käse reiben. Hackmasse mit Tomatenmark, Wurstbrät, Hälfte der Kräuter, 2 EL Käse, 1 Ei und Paniermehl verkneten und würzen. Nudelteig halbieren. Eine Hälfte auf wenig Mehl ca. 20 x 50 cm groß ausrollen. Darauf mit ca. 3 cm Abstand je 1 TL Füllung als Häufchen verteilen.

3 Teig zwischen den Häufchen mit etwas Wasser bestreichen. Die zweite Teighälfte ebenso groß ausrollen und darauf legen. Zwischenräume z. B. mit einem Kochlöffelstiel gut andrücken. Mit einem Teigrädchen ca. 5 cm große Ravioli ausradeln.

4 Ravioli portionsweise in Salzwasser ca. 5 Minuten garen. Butter schmelzen. Rest gehackte Kräuter hineingeben. Ravioli abtropfen lassen. In der geschmolzenen Butter schwenken. Mit 3 EL Parmesan bestreuen und evtl. mit Kräutern garnieren.
Getränk: kühler Roséwein, z. B. Bardolino Chiaretto/Venetien.

Zubereitungszeit ca. 1 ¼ Std.
Wartezeit ca. 1 Std.
Portion ca. 720 kcal / 3020 kJ
E 32 g, F 36 g, KH 61 g

Tortellini & Co.

Tortelloni mit weißem Ragout

Zutaten für 4 Personen:

- **2 Packungen (à 400 g) frische Tortelloni (aus dem Kühlregal) oder 400 g getrocknete Tortelloni**
- **Salz**
- **1 Zwiebel**
- **200–250 g Schweinehackfleisch oder Mett**
- **1 EL Öl**
- **weißer Pfeffer**
- **100 g Schlagsahne**
- **⅜ l Milch**
- **100 g TK-Erbsen**
- **75 g Gorgonzola-Käse**
- **evtl. 1–2 EL heller Soßenbinder**

1 Frische Tortelloni in kochendem Salzwasser ca. 2 Minuten garen, getrocknete 12–14 Minuten (oder s. Packungsanweisung).

2 Zwiebel schälen, würfeln. Hack im heißen Öl krümelig anbraten. Zwiebel kurz mitbraten. Mit Salz und Pfeffer würzen. Mit Sahne und Milch ablöschen, ca. 5 Minuten einkochen.

3 Erbsen die letzten 2–3 Minuten mitgaren. Käse zerbröckeln. Unter Rühren in der Soße schmelzen. Soße evtl. binden und abschmecken. Mit den Tortelloni anrichten.
Getränk: trockener Rotwein, z. B. Kalterer See Auslese/Südtirol.

Zubereitungszeit ca. 30 Min.
Portion ca. 740 kcal / 3100 kJ
E 33 g, F 35 g, KH 69 g

EXTRA-TIPP

Ein Klassiker der italienischen Küche sind Tortellini al brodo (in kräftiger Fleischbrühe). Vor allem die bunten „kleinen Brüder" der Tortelloni machen sich als Suppeneinlage optisch gut.
Übrigens: *In Form der Tortellini soll ein nicht näher bekannter Koch einst den Bauchnabel seiner Liebsten verewigt haben – das Einzige, was er sah, als er bei ihr durchs Schlüsselloch blinzelte.*

Tortellini in Schinken-Sahne

Zutaten für 4 Personen:

- **1 mittelgroße Zwiebel**
- **1–2 Knoblauchzehen**
- **1 EL Olivenöl**
- **300 g Schlagsahne**
- **300 g getrocknete Tortellini „tricolore“ mit Fleischfüllung**
- **Salz**
- **50 g Parmesan-Käse (im Stück)**
- **200 g gekochter Schinken in Scheiben**
- **weißer Pfeffer**
- **geriebene Muskatnuss**
- **evtl. Basilikum zum Garnieren**

1 Zwiebel und Knoblauch schälen und hacken. Beides im heißen Öl andünsten. Sahne zugießen und alles dicklich einkochen.

2 Tortellini in kochendes Salzwasser geben und 12–15 Minuten garen. Käse mit einem Sparschäler in Späne hobeln. Schinken in Streifen schneiden. Hälfte Käse und Schinken in die Soße geben. Mit Salz, Pfeffer und Muskat würzen.

3 Tortellini in einem Sieb abtropfen lassen und dann mit der Soße mischen. Rest Käse darüber streuen. Evtl. mit Basilikum garnieren.
Getränk: fruchtiger Rotwein, z. B. Valpolicella/Venetien.

Zubereitungszeit ca. 30 Min.
Portion ca. 730 kcal / 3060 kJ
E 28 g, F 45 g, KH 47 g

Grüne Lasagne „alla bolognese"

Zutaten für 4–6 Personen:

- 1 Zwiebel, 1 Möhre (ca. 100 g)
- 100 g Staudensellerie
- 100 g Parmaschinken
- 30 g fetter Speck
- 100 g Hähnchenleber
- 500 g gemischtes oder Schweinehack
- 1–2 EL Öl
- Salz, schwarzer Pfeffer, 1 TL Oregano
- 4–5 EL Tomatenmark
- 1–2 TL klare Brühe (Instant)
- 50 g Mehl, 50 g + 2 EL Butter
- ¾ l Milch, geriebene Muskatnuss
- 75 g Parmesan-Käse (im Stück)
- Fett für die Form
- 12 grüne Lasagneplatten

1 Zwiebel schälen. Gemüse putzen, waschen. Zwiebel, Gemüse, Schinken und Speck fein würfeln. Leber putzen, waschen und klein schneiden.

2 Hack, Schinken und Speck im heißen Öl kräftig anbraten. Leber, Gemüse und Zwiebel 3–4 Minuten mitbraten. Mit Salz, Pfeffer und Oregano kräftig würzen. Tomatenmark kurz darin anschwitzen. 350 ml Wasser angießen, Brühe einrühren und alles aufkochen. Das Ragout ca. 10 Minuten köcheln.

3 Mehl in 50 g heißer Butter anschwitzen. Milch einrühren, aufkochen, ca. 5 Minuten köcheln. Mit Salz, Pfeffer und Muskat abschmecken.

4 Käse fein reiben. Boden einer gefetteten Auflaufform (ca. 20 x 30 cm; 2 l Inhalt) mit ca. ¼ Soße bestreichen. Ca. 4 Lasagneplatten darauf legen, mit Hälfte Ragout, ⅓ Käse und ¼ Soße bedecken. Eine zweite Schicht genauso einfüllen. Mit Rest Nudeln, Soße und Käse abschließen. 2 EL Butter in Flöckchen darauf verteilen.

5 Im heißen Backofen (E-Herd: 200 °C/Umluft: 175 °C/Gas: Stufe 3) ca. 30 Minuten goldbraun backen.
Getränk: leichter Rotwein, z. B. Lambrusco Secco/Emilia Romagna.

Zubereitungszeit ca. 1 ½ Std.
Portion ca. 730 kcal / 3060 kJ
E 48 g, F 38 g, KH 44 g

Schlutzkrapfen mit Spinat

Zutaten für 4 Personen:

- **250 g Roggenmehl (Type 1150)**
- **250 g + 1 EL + etwas Weizenmehl**
- **2 Eier (Gr. M)**
- **Salz, weißer Pfeffer**
- **1 EL Öl, 1 kg Blattspinat**
- **1 Bund Petersilie**
- **3 mittelgroße Zwiebeln**
- **50 g Parmesan-Käse (im Stück)**
- **40 g + 80 g Butter, ¼ l Milch**
- **geriebene Muskatnuss**

1 Roggenmehl, 250 g Weizenmehl, Eier, ca. ½ TL Salz, Öl und knapp ¼ l lauwarmes Wasser mit den Knethaken des Handrührgerätes glatt verkneten. Den Teig zugedeckt ca. 1 Stunde kalt stellen.

2 Spinat putzen, waschen und in wenig kochendem Salzwasser 2–3 Minuten dünsten. Abtropfen lassen. ¾ des Spinats sehr gut ausdrücken und fein hacken. Petersilie waschen und hacken. 1 Zwiebel schälen und würfeln. Käse reiben.

3 Zwiebelwürfel in 40 g heißer Butter glasig dünsten. Mit 1 EL Mehl bestäuben und anschwitzen. Mit Milch ablöschen, aufkochen und unter Rühren ca. 5 Minuten köcheln. Gehackten Spinat, Petersilie und 1 EL Käse einrühren. Mit Salz, Pfeffer und Muskat würzen. Auskühlen lassen.

4 Hälfte Teig auf wenig Mehl 2–3 mm dünn ausrollen. Mit einem Glas oder Ausstecher (ca. 8 cm Ø) ca. 16 Kreise ausstechen. Dabei Teigreste rasch verkneten, erneut ausrollen. Je 1 TL Spinat-Masse darauf geben. Teig überklappen und die Ränder fest andrücken. Die Schlutzkrapfen kalt stellen. Übrigen Teig und Füllung auf die gleiche Weise verarbeiten.

5 Die Schlutzkrapfen portionsweise in reichlich kochendem Salzwasser ca. 5 Minuten gar ziehen lassen.

6 2 Zwiebeln schälen und in Ringe schneiden. In 80 g heißer Butter goldbraun rösten. Übrigen Spinat darin schwenken, würzen. Alles anrichten und mit Rest Käse bestreuen.
Getränk: leichter Rotwein, z. B. Vernatsch/Südtirol.

Zubereitungszeit ca. 1 ½ Std.
Wartezeit ca. 1 Std.
Portion ca. 850 kcal / 3570 kJ
E 28 g, F 38 g, KH 94 g

Ravioli mit Fleischfüllung

Zutaten für 4 Personen:

- 400 g + etwas Mehl, 4 Eier (Gr. M)
- 3 EL Öl, Salz, weißer Pfeffer
- 1 mittelgroße Zwiebel
- 2 Knoblauchzehen
- 1–2 Möhren (ca. 150 g)
- 200 g Stangensellerie
- 400–500 g Rinderhackfleisch
- 1–2 EL Tomatenmark
- 1 Lorbeerblatt
- 1 Dose (425 ml) Tomaten
- 100 ml klare Brühe
- 20 g Grana-Padano-Käse (im Stück)
- 2 EL Schlagsahne, Klarsichtfolie

1 400 g Mehl, Eier, 1 EL Öl und 1 Prise Salz zum glatten Nudelteig verkneten. In Folie gewickelt ca. 1 Stunde ruhen lassen.

2 Zwiebel, Knoblauch, Möhren und Sellerie schälen bzw. putzen, und waschen, fein würfeln. Hack in 2 EL Öl krümelig anbraten. Zwiebel, Knoblauch, Möhren und Sellerie mitdünsten.

3 Tomatenmark darin anschwitzen. Lorbeer und Tomaten mit Saft zugeben, zerdrücken. 20–30 Minuten bei schwacher Hitze offen einkochen, würzen. Abkühlen lassen.

4 Nudelteig halbieren. Eine Hälfte auf Mehl ca. 20 x 50 cm groß ausrollen. In 3 cm Abstand je 1 TL Hackmasse darauf verteilen. Den Teig zwischen den Häufchen mit Wasser bestreichen. Übrige Teighälfte gleich groß ausrollen, darauf legen. Die Zwischenräume gut andrücken. Mit einem Teigrädchen ca. 5 cm große Ravioli ausradeln. Oder Teigtaschen in einer Ravioliform zubereiten.

5 Ravioli portionsweise in siedendem Salzwasser ca. 6 Minuten gar ziehen lassen. Übrige Bolognese mit Brühe erhitzen. Käse reiben, mit Sahne einrühren. Ravioli darin anrichten.
Getränk: trockener Rotwein, z. B. Sangiovese Rubicone/Emilia Romagna.

Zubereitungszeit ca. 1½ Std.
Portion ca. 720 kcal / 3020 kJ
E 41 g, F 32 g, KH 61 g

Cannelloni al forno

Zutaten für 4–6 Personen:

- 50 g durchwachsener Speck (z. B. Pancetta)
- 100 g gekochter Schinken
- 2 mittelgroße Zwiebeln
- 1 Zucchini (ca. 200 g)
- 1 Möhre (ca. 150 g)
- 200 g gemischtes Hackfleisch
- 2 EL Olivenöl
- 1 Dose (850 ml) Tomaten
- 2 EL Tomatenmark
- 100 ml Rotwein
- Salz, weißer Pfeffer
- 100 g Parmesan-Käse (im Stück)
- 40 g + etwas Butter/Margarine
- 40 g Mehl
- 400 ml Milch
- 100 g Schlagsahne
- ½ Bund/Töpfchen Basilikum
- 125 g Mozzarella-Käse
- 250 g Cannelloni (dicke Nudelröhren zum Füllen)

1 Speck und Schinken würfeln. Zwiebeln schälen, Gemüse putzen, waschen. Alles fein würfeln. Speck und Hack in 1 EL Öl anbraten. Schinken, Gemüse und Hälfte Zwiebeln mitdünsten. 3 gehackte Dosentomaten, 1 EL Mark und Wein zufügen, würzen. 5–10 Minuten köcheln.

2 Für die Béchamel Käse reiben. 40 g Fett schmelzen, Mehl darin anschwitzen. Mit Milch und Sahne ablöschen, aufkochen. Hälfte Käse darin schmelzen und abschmecken. Für die Tomatensoße Rest Zwiebeln in 1 EL Öl dünsten. 1 EL Mark und Rest Tomaten samt Saft zugeben und 5 Minuten köcheln. Würzen.

3 Basilikum waschen, trockenschütteln, abzupfen und fein schneiden. Mozzarella würfeln. Beides unter das Hack mischen. Eine feuerfeste Form gut fetten. Cannelloni jeweils senkrecht hineinstellen und die Hackmasse mit einem Teelöffel einfüllen. Röhren dicht an dicht hineinlegen.

4 Erst Béchamel-, dann Tomatensoße gleichmäßig über die Cannelloni verteilen. Mit restlichem Parmesan bestreuen. Im vorgeheizten Backofen (E-Herd: 200 °C/Umluft: 175 °C/Gas: Stufe 3) 30–35 Minuten goldbraun überbacken. Dazu passt frischer Salat. **Getränk:** trockener Rotwein, z. B. Rosso di Toscana/Toskana.

Zubereitungszeit ca. 1 ¼ Std.
Portion ca. 610 kcal / 2560 kJ
E 29 g, F 33 g, KH 44 g

Gnocchi und

Die leckeren Klößchen aus Kartoffeln, Mehl oder Weizengrieß, aber auch Brei und Schnitten aus Maisgrieß sind fester Bestandteil der Küche Norditaliens

Polenta

Gnocchi in Tomatensoße

Zutaten für 4 Personen:

- **500 g mehlig kochende Kartoffeln**
- **Salz**
- **2 Eigelb**
- **40 g Kartoffelmehl**
- **40 g Grieß**
- **1 mittelgroße Zwiebel**
- **1 Knoblauchzehe**
- **8 mittelgroße Tomaten**
- **1 EL Olivenöl**
- **1 EL Tomatenmark**
- **100 g Schafskäse oder Feta**
- **Zitronenpfeffer**
- **evtl. Basilikum zum Garnieren**

1 Kartoffeln waschen, in kochendem Salzwasser ca. 20 Minuten garen. Abgießen, etwas abkühlen lassen. Schälen und noch warm durch eine Kartoffelpresse drücken. Ganz abkühlen lassen.

2 Kartoffelmasse mit Eigelb, Kartoffelmehl und Grieß verkneten, bis der Teig formbar ist. Aus dem Teig kleine Klößchen formen und auf der Oberseite mit einer Gabel leicht eindrücken.

3 Zwiebel und Knoblauch schälen und fein würfeln. Tomaten waschen und in Stücke schneiden. Zwiebel und Knoblauch im heißen Öl andünsten. Tomatenmark mit anschwitzen. Tomatenstücke zufügen und ca. 5 Minuten mitschmoren.

4 Gnocchi in reichlich siedendem Salzwasser ca. 5 Minuten gar ziehen lassen, bis sie an der Oberfläche schwimmen.

5 Schafskäse würfeln und in der Soße aufkochen. Mit Salz und Zitronenpfeffer würzen. Die Gnocchi abtropfen lassen. Mit Soße und Basilikum anrichten.
Getränk: Mineralwasser oder frischer Weißwein, z. B. Lugana/Venetien.

Zubereitungszeit ca. 1 ¼ Std.
Portion ca. 290 kcal / 1210 kJ
E 10 g, F 10 g, KH 38 g

Polenta-Schnitten mit Pilzragout

Zutaten für 4 Personen:

- 125 g Polenta (Maisgrieß)
- Salz, weißer Pfeffer
- Fett für die Form
- 2 Stangen Porree (Lauch)
- 250 g Austernpilze oder Champignons
- 125 g Kirschtomaten oder 4 kleine Tomaten
- 2 EL Butter/Margarine
- 150 g Schlagsahne
- evtl. Petersilie zum Garnieren

1 Grieß in 300 ml kochendes Salzwasser einrühren und ca. 5 Minuten quellen lassen. In eine gefettete flache Auflaufform streichen. Auskühlen.

2 Porree putzen, waschen und in dünne Streifen schneiden. Austernpilze putzen und evtl. klein schneiden. Tomaten waschen und halbieren bzw. achteln.

3 1 EL Fett in einer Pfanne erhitzen und die Pilze unter Wenden darin andünsten. Porreestreifen zufügen und kurz mitdünsten. Aus der Pfanne nehmen. Sahne in die Pfanne gießen, etwas einkochen lassen. Mit Salz und Pfeffer kräftig abschmecken. Pilze, Porree und Tomaten zufügen, kurz darin erhitzen.

4 Polenta stürzen und in Rauten schneiden. 1 EL Fett in einer Pfanne erhitzen. Die Polenta-Schnitten darin von beiden Seiten goldbraun braten. Mit dem Pilzragout auf Tellern anrichten und mit Petersilie garnieren. **Getränk:** trockener Rotwein, z. B. Marzemino/Trentino.

Zubereitungszeit ca. 40 Min.
Portion ca. 390 kcal / 1630 kJ
E 6 g, F 26 g, KH 29 g

EXTRA-TIPP

Zu den Polenta-Schnitten passen auch gut Gemüse-Ragouts mit Broccoli, Spargel, Zucchini, Mais und Möhren. Und „spielen“ Sie mal mit Gewürzen wie Paprika, Knoblauch und frischen Kräutern.

Gnocchi alla romana

Zutaten für 4 Personen:

- 600 ml Milch
- 50 g + 25 g Butter/Margarine
- 1 Prise Salz
- 250 g Grieß
- 80 g Pecorino-Käse (im Stück)
- 1 Ei
- Öl für die Arbeitsfläche
- Fett für die Form
- 1 Knoblauchzehe
- 1 Zweig Rosmarin
- 8 Lammstielkoteletts (à ca. 60 g)
- schwarzer Pfeffer
- 2 EL Öl
- 2–3 Stiele Thymian

1 Milch, 50 g Fett und Salz aufkochen. Grieß einstreuen und ca. 10 Minuten bei schwacher Hitze ausquellen lassen, dabei mehrmals umrühren. Käse reiben. Topf vom Herd nehmen, Ei und Hälfte Käse unterrühren. Den Brei vollständig auskühlen lassen.

2 Arbeitsfläche und eine Kuchenrolle mit Öl bestreichen und Masse auf der Arbeitsfläche ca. 1 cm dick ausrollen. Kreise (ca. 5 cm Ø) ausstechen und dachziegelartig in eine gefettete Auflaufform schichten. Mit Rest Parmesan bestreuen und 25 g Fett in Flöckchen darauf verteilen. Im vorgeheizten Backofen (E-Herd: 200 °C/Umluft: 175 °C/Gas: Stufe 3) ca. 40 Minuten goldbraun backen.

3 Inzwischen den Knoblauch schälen und fein hacken. Den Rosmarin waschen, abzupfen und grob hacken. Lammkoteletts waschen, trockentupfen. Mit Knoblauch, Rosmarin, Salz und Pfeffer bestreuen. Öl in einer Pfanne erhitzen und Koteletts darin von jeder Seite ca. 3 Minuten braten. Thymian waschen, trockenschütteln, die Blättchen abzupfen und über die Gnocchi streuen.
Getränk: trockener Rotwein, z. B. Morellino di Scansano/Toskana.

Zubereitungszeit ca. 1 ½ Std.
(ohne Wartezeit)
Portion ca. 1020 kcal / 4280 kJ
E 38 g, F 69 g, KH 53 g

Polenta-Tomaten-Ecken

Zutaten für 4 Personen:

- 200 ml Milch
- Salz
- geriebene Muskatnuss
- 200 g Polenta (Maisgrieß)
- 70 g Parmesan-Käse (im Stück)
- ½ Bund/Töpfchen Thymian
- ½ Bund/Töpfchen Oregano
- Öl für die Bleche
- 650 g Tomaten
- 50 g Fontina-Käse
- 1 Knoblauchzehe
- 2 EL Olivenöl
- schwarzer Pfeffer
- nach Belieben Thymian, Oregano und Kirschtomaten zum Garnieren

1 300 ml Wasser, Milch, 1 TL Salz und 1 Prise Muskat aufkochen. Polenta unter Rühren einstreuen und bei kleinster Hitze ca. 10 Minuten quellen lassen. Ab und zu umrühren.

2 Parmesan fein reiben. Die Kräuter waschen und trockenschütteln. Blättchen abzupfen und grob hacken.

3 50 g Parmesan und Hälfte der Kräuter in die Polenta rühren. Auf einem geölten Blech ca. 1 cm dünn zu einem Rechteck ausstreichen. Auskühlen lassen und in 12 große Dreiecke zu je 8 cm schneiden.

4 Tomaten kreuzweise einritzen und mit heißem Wasser überbrühen. Abschrecken und die Haut abziehen. Tomaten vierteln, entkernen und in schmale Streifen schneiden.

5 Fontina-Käse reiben. Knoblauch schälen und durchpressen. Öl in einer Pfanne erhitzen. Knoblauch darin dünsten. Tomaten zugeben und ca. 2 Minuten dünsten. Fontina zufügen, mit Salz, Pfeffer, Kräutern würzen.

6 Backblech fetten. Je drei Ecken im Wechsel mit der Tomatenmasse übereinander schichten, mit Tomate beenden. Mit 20 g Parmesan bestreuen. Im heißen Backofen (E-Herd: 200 °C/Umluft: 175 °C/ Gas: Stufe 3) ca. 15 Minuten gratinieren. Ecken mit frischen Kräutern und Kirschtomaten garnieren.
Getränk: fruchtiger Rotwein, z. B. Barbera d'Alba/Piemont.

Zubereitungszeit ca. 1 Std.
Portion ca. 370 kcal / 1550 kJ
E 16 g, F 16 g, KH 39 g

Polenta mit grünem Spargel

Zutaten für 4 Personen:

- **750 g grüner Spargel**
- **1 mittelgroße Zwiebel**
- **1–2 Knoblauchzehen**
- **4–5 EL Olivenöl, Salz**
- **200 g Polenta (Maisgrieß)**
- **etwas Zucker**
- **100 g Grana-Padano- oder Parmesan-Käse (im Stück)**
- **2–3 Stiele Petersilie (z. B. glatte)**
- **schwarzer Pfeffer**

1 Spargel waschen und die Enden großzügig abschneiden. Zwiebel und Knoblauch schälen, fein würfeln.

2 1 EL Öl in einem Topf erhitzen. Zwiebel und Knoblauch darin glasig dünsten. Mit 1½ l Wasser ablöschen und 2 gestrichene TL Salz zufügen, aufkochen. Topf vom Herd nehmen. Polenta unter ständigem Rühren einstreuen. Den Topf wieder auf den Herd stellen. Polenta bei schwacher Hitze zugedeckt 15–20 Minuten quellen lassen und dabei häufiger umrühren.

3 Spargel in wenig kochendem Salzwasser mit etwas Zucker zugedeckt 10–12 Minuten dünsten.

4 Käse fein reiben. Petersilie waschen und fein schneiden. Spargel herausnehmen und abtropfen lassen. Sofort mit der Polenta anrichten. 3–4 EL Olivenöl darüber träufeln. Mit Käse, Petersilie und Pfeffer bestreuen.
Getränk: leichter Rotwein, z. B. Bardolino Classico/Venetien.

Zubereitungszeit ca. 35 Min.
Portion ca. 380 kcal / 1590 kJ
E 16 g, F 18 g, KH 37 g

Salat mit Gnocchi & Hähnchen

Zutaten für 4 Personen:

- **200 g Hähnchenfilet**
- **4–5 EL Olivenöl**
- **Salz, weißer Pfeffer, etwas Zucker**
- **1 Packung (400 g) Gnocchi (aus dem Kühlregal)**
- **1 Bund Lauchzwiebeln**
- **1 Bund/Töpfchen Basilikum**
- **4 Tomaten**
- **1 Knoblauchzehe**
- **1 Zwiebel**
- **2–3 EL Balsamico-Essig (z. B. weißer)**
- **evtl. Lauchzwiebel und Basilikum zum Garnieren**

1 Hähnchenfilet waschen, trockentupfen und in kleine Würfel schneiden. 2 EL Öl erhitzen. Filetwürfel darin rundherum knusprig braten. Mit Salz und Pfeffer würzen. Gnocchi zufügen und im Bratfett schwenken.

2 Lauchzwiebeln putzen, waschen und in feine Ringe schneiden. Basilikum waschen, abzupfen. Beides mit Gnocchi und Fleisch mischen.

3 Für die Soße Tomaten waschen, vierteln und entkernen. Fruchtfleisch fein würfeln. Knoblauch schälen, durch eine Presse drücken. Zwiebel schälen, fein hacken.

4 Vorbereitete Zutaten, Essig und 2–3 EL Öl verrühren. Mit Salz, Pfeffer und Zucker würzen. Salatzutaten portionsweise mit der Tomaten-Vinaigrette servieren. Nach Belieben mit Lauchzwiebel und frischem Basilikum garnieren.
Getränk: Mineralwasser oder trockener Weißwein, z. B. Pinot Bianco di Franciacorta/Lombardei.

Zubereitungszeit ca. 40 Min.
Portion ca. 350 kcal / 1470 kJ
E 15 g, F 13 g, KH 40 g

Kartoffel-Käse-Gnocchi

Zutaten für 3–4 Personen:

- **400 g mehlig koch. Kartoffeln, Salz**
- **1 Knoblauchzehe, 1 Gemüsezwiebel**
- **500 g Tomaten**
- **125 g Mozzarella-Käse**
- **30 g Parmesan-Käse (im Stück)**
- **1–2 EL Olivenöl**
- **½–1 Bund/Töpfchen Basilikum**
- **1 TL rosa Beeren (pfefferähnl. Gewürz)**
- **etwas Chilipulver**
- **einige Spritzer Zitronensaft**
- **ca. 100 g Grieß, weißer Pfeffer**
- **evtl. Zitrone zum Garnieren**
- **Klarsichtfolie**

1 Kartoffeln schälen und waschen. In kochendem Salzwasser ca. 20 Minuten garen. Anschließend durch die Kartoffelpresse drücken und etwas abkühlen lassen.

2 Knoblauch schälen, durch eine Knoblauchpresse drücken. Zwiebel schälen und fein hacken. Tomaten waschen, würfeln. Mozzarella in kleine Würfel schneiden. Parmesan reiben.

3 Öl erhitzen. Knoblauch und Zwiebel darin andünsten. Tomaten zufügen und aufkochen. Ca. 10 Minuten köcheln. Basilikum waschen, abzupfen und, bis auf etwas zum Garnieren, fein schneiden. Gestoßene rosa Beeren und Basilikum in die Soße rühren. Mit Salz, Chilipulver und Zitronensaft abschmecken.

4 Parmesan, Grieß und 3 EL lauwarmes Wasser unter die Kartoffeln kneten. Mit Salz und Pfeffer würzen. Mozzarella unter den Teig arbeiten.

5 Teig fingerdick zwischen Folie ausrollen und zu Talern (4–5 cm Ø) ausstechen. Teigreste ebenso verarbeiten. Taler in reichlich kochendes Salzwasser geben. Bei milder Hitze gar ziehen lassen, bis sie oben schwimmen. Abtropfen. Alles anrichten, mit Zitrone und Basilikum garnieren.
Getränk: trockener Weißwein, z. B. Gavi/Piemont.

Zubereitungszeit ca. 1 Std.
Portion ca. 360 kcal / 1510 kJ
E 17 g, F 10 g, KH 49 g

Überbackene Gnocchi mit Rucola

Zutaten für 4 Personen:

- 2 Packungen (à 400 g) Gnocchi (aus dem Kühlregal)
- Salz
- 2 Knoblauchzehen
- 2 Zwiebeln
- 125–150 g Rucola (Rauke)
- 1 Bund/Töpfchen Basilikum
- 4 EL Olivenöl
- Fett für die Form
- 150 g Provolone-Käse (im Stück)
- weißer Pfeffer

1 Gnocchi in reichlich kochendem Salzwasser ca. 2 Minuten garen, anschließend abtropfen lassen.

2 Inzwischen den Knoblauch und die Zwiebeln schälen und hacken. Rucola und Basilikum, bis auf etwas zum Garnieren, putzen und waschen, trockenschütteln und in Streifen schneiden.

3 Olivenöl erhitzen. Knoblauch und Zwiebeln darin andünsten. Rucola, Basilikum und Gnocchi kurz darin schwenken.

4 Alles in eine gefettete ofenfeste Form füllen. Käse reiben und darüber streuen. Alles mit Pfeffer würzen. Im vorgeheizten Backofen (E-Herd: 225 °C/Umluft: 200 °C/Gas: Stufe 4) ca. 5 Minuten überbacken.

Gnocchi mit Basilikum garnieren.
Getränk: trockener Weißwein, z. B. Pinot Grigio/Trentino.

Zubereitungszeit ca. 20 Min.
Portion ca. 440 kcal / 1840 kJ
E 17 g, F 23 g, KH 38 g

Spinatklößchen mit Gorgonzola-Soße & Pinienkernen

Zutaten für 4 Personen:

- **500 g mehlig kochende Kartoffeln**
- **Salz**
- **200 g Blattspinat**
- **250 g + etwas Mehl**
- **weißer Pfeffer**
- **geriebene Muskatnuss**
- **1 mittelgroße Zwiebel**
- **1 Knoblauchzehe**
- **1 EL Olivenöl**
- **200 g Schlagsahne**
- **100 g Gorgonzola-Käse**
- **1–2 EL Pinienkerne**

1 Kartoffeln schälen, waschen und in Salzwasser ca. 20 Minuten kochen. Spinat verlesen und waschen. Tropfnass in einen heißen Topf geben und zusammenfallen lassen. Gut ausdrücken und mit dem Schneidstab pürieren.

2 Kartoffeln abgießen und durch die Kartoffelpresse drücken. Mit Mehl und Spinat verkneten. Mit Salz, Pfeffer und Muskat würzen. Teig mit bemehlten Händen zu Rollen formen und in ca. 2 cm lange Stücke schneiden. Mit einer Gabel Rillen hineindrücken. In schwach kochendem Salzwasser ca. 4 Minuten gar ziehen lassen.

3 Zwiebel und Knoblauch schälen, hacken und im heißen Öl andünsten. Sahne zugießen und aufkochen. Gorgonzola würfeln. Unter Rühren darin schmelzen. Mit Salz und Pfeffer abschmecken. Pinienkerne in einer Pfanne ohne Fett rösten.

4 Gnocchi abtropfen lassen. Mit Soße anrichten und mit gerösteten Pinienkernen bestreuen.
Getränk: kräftiger Rotwein, z. B. St. Magdalener/Südtirol.

Zubereitungszeit ca. 1 ¼ Std.
Portion ca. 620 kcal / 2600 kJ
E 17 g, F 28 g, KH 70 g

Raffinierten

Risotto di mare

Zutaten für 4 Personen:

- 1 mittelgr. Zwiebel, 1 EL Butter
- 200 g Risotto-Reis (z. B. Arborio)
- 1 Tütchen Safran-Fäden
- ¾ l Hühnerbrühe
- 500 g Miesmuscheln
- 200 g Venusmuscheln, Salz
- 250 g Fischfilet (z. B. Merlan; ersatzw. Rotbarsch)
- Saft von ½ Zitrone
- 4 Scampi oder große Garnelen
- 2 EL Olivenöl
- schwarzer Pfeffer, ½ Bund Dill
- evtl. Zitrone zum Garnieren

1 Zwiebel schälen, fein würfeln. Fett in einem Topf erhitzen. Zwiebel darin andünsten. Reis und Safran zugeben, anschwitzen. Nach und nach mit Hühnerbrühe ablöschen, bis der Reis die Brühe vollständig aufgesogen hat. Dabei häufig umrühren. Bei schwacher Hitze zugedeckt ca. 20 Minuten (s. Packungsanweisung) garen.

2 Muscheln unter fließendem, kaltem Wasser abbürsten, evtl. „Bärte“ entfernen. Geöffnete Muscheln aussortieren. In kochendem Salzwasser 5–8 Minuten garen, bis sie sich geöffnet haben. Abtropfen lassen. Geschlossene Muscheln aussortieren.

3 Fischfilet waschen, mit Zitronensaft beträufeln und in Würfel schneiden. Scampi waschen und trockentupfen. Öl in einer Pfanne erhitzen. Beides darin anbraten.

4 Alles zum Risotto geben und mit Salz und Pfeffer würzen. Dill waschen, bis auf 4 Fähnchen fein hacken. Risotto auf Tellern anrichten. Mit Dill bestreuen, mit Zitrone und Dillfähnchen garnieren.
Getränk: kräftiger Weißwein, z. B. Gavi di Gavi/Piemont.

Zubereitungszeit ca. 45 Min.
Portion ca. 400 kcal / 1670 kJ
E 31 g, F 10 g, KH 44 g

Risotto

Hochburg der sämigen, mit vielerlei Zutaten angereicherten Reisgerichte sind die Lombardei und Venetien. Den Reis dafür baut man in der fruchtbaren Po-Ebene an

Tomaten-Risotto mit grünem Spargel

Zutaten für 4 Personen:

- 2 mittelgroße Zwiebeln
- 1–2 Knoblauchzehen
- 4 EL Butter
- 350 g Risotto-Reis (z. B. Arborio)
- 1¼–1½ l Fleischbrühe
- 500 g grüner Spargel
- 50 g Parmesan-Käse (im Stück)
- 1 kleine Dose (425 ml) Tomaten
- 50 g Tomatenmark
- Salz, weißer Pfeffer

1 Zwiebeln und Knoblauch schälen, würfeln. In 2 EL heißer Butter andünsten. Reis einstreuen und unter Rühren andünsten. Nach und nach mit 1 l Brühe ablöschen, bis der Reis die Brühe jeweils vollständig aufgesogen hat. Dabei häufig umrühren. Bei schwacher Hitze ca. 20 Minuten (s. Packungsanweisung) garen.

2 Spargel waschen und Enden großzügig abschneiden. Stangen in dünne Scheiben schneiden. In restlicher Brühe ca. 8 Minuten kochen.

3 Käse reiben. Erst Tomaten mit Saft, Tomatenmark und Spargelbrühe unter den Reis rühren. Spargelstücke zuletzt unterheben. Alles weitere 5 Minuten köcheln. ¾ Käse und Rest Butter unterheben. Risotto mit Salz und Pfeffer abschmecken. Mit übrigem Parmesan bestreuen.
Getränk: kräftiger Weißwein, z. B. ein Chardonnay/Südtirol.

Zubereitungszeit ca. 1 Std.
Portion ca. 470 kcal / 1970 kJ
E 13 g, F 13 g, KH 73 g

EXTRA-TIPP

Ein Risotto muss sämig sein. Deshalb braucht er viel Flüssigkeit (Brühe, Gemüsesaft, Wein) und eine lange Quellzeit. Geriebener Käse und Butter geben das feine Aroma.

Risi e bisi
(Risotto mit Erbsen)

Zutaten für 4 Personen:

- **2 mittelgroße Zwiebeln**
- **1 Bund Petersilie**
- **50 g durchwachsener Speck (z. B. Pancetta)**
- **5 EL Olivenöl**
- **2 EL (40 g) Butter**
- **250 g Risotto-Reis (z. B. Arborio oder Vialone nano)**
- **1 l + ⅛ l heiße Gemüsebrühe**
- **300 g TK-Erbsen**
- **Salz, weißer Pfeffer**
- **100 g Parmesan-Käse (im Stück)**

1 Zwiebeln schälen. Petersilie waschen und trockenschütteln. Beides fein hacken. Speck fein würfeln.

2 2 EL Öl und Butter im weiten Topf erhitzen. Speck darin knusprig auslassen. Hälfte Zwiebeln kurz andünsten. Reis und Petersilie zufügen. Andünsten, bis der Reis glasig wird.

3 So viel Brühe (von 1 l) angießen, dass der Reis knapp bedeckt ist. Bei schwacher Hitze unter häufigem Rühren köcheln, bis die Brühe vollständig aufgesogen ist. Restliche Brühe nach und nach angießen. Reis ca. 15 Minuten garen. Hälfte Erbsen zufügen, weitere 10 Minuten garen (Gesamt-Garzeit s. Packungsanweisung). Topf vom Herd ziehen, Risotto weiter quellen lassen.

4 3 EL Öl in einem Topf erhitzen. Rest Zwiebeln darin glasig dünsten. Übrige Erbsen zufügen. Mit ⅛ l Brühe ablöschen, ca. 5 Minuten köcheln, würzen. Erbsen fein pürieren. Püree unter den Risotto rühren.

5 Käse reiben. ¾ unter den Risotto rühren und mit Salz und Pfeffer abschmecken. Restlichen Parmesan-Käse darüber streuen.
Getränk: kühler Weißwein, z. B. Soave Classico/Venetien.

Zubereitungszeit ca. 50 Min.
Portion ca. 660 kcal / 2770 kJ
E 20 g, F 36 g, KH 60 g

Gemüse-Risotto mit Salbei-Leber

Zutaten für 3–4 Personen:

- **1 mittelgroße Zwiebel**
- **2 Knoblauchzehen**
- **2 Möhren (ca. 250 g)**
- **3 EL Öl**
- **2 TL Gemüsebrühe (Instant)**
- **250 g Risotto-Reis (z. B. Arborio)**
- **250 g Putenleber**
- **ca. 2 EL Mehl**
- **Salz**
- **schwarzer Pfeffer**
- **8–10 frische Salbeiblätter**
- **20 g Parmesan-Käse (im Stück)**
- **150 g TK-Erbsen**
- **1 EL Butter**

1 Zwiebel und Knoblauch schälen, fein hacken. Möhren schälen, waschen und würfeln. 1 EL Öl in einem Topf erhitzen. Zwiebel, Knoblauch und Möhren darin unter Rühren andünsten.

2 Brühe in ¾ l heißem Wasser auflösen. Reis in den Topf geben und glasig andünsten. Brühe nach und nach unterrühren, bis der Reis die Brühe aufgesogen hat. Dabei öfter umrühren. Bei schwacher Hitze ca. 20 Minuten (s. Packungsanweisung) garen.

3 Leber waschen und trockentupfen. Im Mehl leicht wenden. In 2 EL heißem Öl pro Seite 2–3 Minuten braten. Mit Salz und Pfeffer würzen. Salbei abspülen, trockentupfen und kurz mitbraten. Käse reiben.

4 Erbsen zuletzt zum Reis geben, kurz mitgaren. Parmesan und Butter unter ständigem Rühren darin schmelzen. Mit Salz und Pfeffer würzen. Mit Leber anrichten.
Getränk: trockener Rotwein, z. B. Merlot del Veneto/Venetien.

Zubereitungszeit ca. 30 Min.
Portion ca. 490 kcal / 2050 kJ
E 25 g, F 14 g, KH 63 g

Risotto im Auberginen-Bett

Zutaten für 4 Personen:

- 1–2 Auberginen (ca. 500 g)
- Salz
- 1 Zwiebel
- 3–4 EL Öl
- 250 g Risotto-Reis (z. B. Carnaroli)
- ½ l Gemüsebrühe
- 100 ml trockener Weißwein
- 1–2 Zucchini (ca. 300 g)
- 4 mittelgroße Tomaten
- 100 g Gorgonzola- oder Parmesan-Käse (im Stück)
- weißer Pfeffer
- evtl. Rucola (Rauke) oder Petersilie zum Garnieren

1 Die Auberginen putzen, waschen und in dünne Scheiben schneiden. Leicht salzen und ca. 10 Minuten ziehen lassen.

2 Zwiebel schälen und würfeln. 1 EL Öl erhitzen. Zwiebel und Reis darin glasig andünsten. Mit der Gemüsebrühe und Wein nach und nach ablöschen, bis der Reis jeweils die gesamte Flüssigkeit aufgesogen hat. Dabei öfter umrühren. Bei schwacher Hitze ca. 20 Minuten (s. Packungsanweisung) garen.

3 Zucchini und 3 Tomaten putzen, waschen und klein schneiden. Nach ca. 15 Minuten zum Reis geben. 2–3 EL Öl erhitzen. Auberginen mit Küchenpapier trockentupfen und im heißen Öl von jeder Seite ca. 4 Minuten braten. Herausnehmen.

4 1 Tomate waschen und in Scheiben schneiden. Im Bratfett kurz erhitzen. Gorgonzola würfeln (Parmesan reiben) und unter Rühren im Risotto schmelzen. Mit Salz und Pfeffer abschmecken. Tomaten- und Auberginenscheiben auf eine Platte legen, Risotto darauf anrichten. Evtl. mit Rucola garnieren.
Getränk: kühler Weißwein, z. B. Torgiano Bianco/Umbrien.

Zubereitungszeit ca. 50 Min.
Portion ca. 430 kcal / 1800 kJ
E 13 g, F 16 g, KH 55 g

Pilz-Risotto mit Parmesan

Zutaten für 4 Personen:

- 200 g Champignons
- 3 EL Öl (z. B. Olivenöl)
- 2 mittelgroße Zwiebeln
- 1 großes Bund Suppengrün (ca. 500 g)
- 250 g Risotto-Reis (z. B. Vialone nano)
- ca. ¾ l Gemüsebrühe
- 75 g Parmesan-Käse (im Stück)
- 2 EL Butter
- Salz, weißer Pfeffer

1 Champignons mit Küchenpapier abreiben. Dann in Scheiben schneiden. 1 EL Öl in einem weiten Topf erhitzen. Pilze darin goldbraun braten und wieder herausnehmen.

2 Zwiebeln schälen und fein würfeln. Suppengrün putzen, waschen und in Würfel bzw. Ringe schneiden. 2 EL Öl im Pilz-Bratfett erhitzen. Zwiebeln und Gemüse darin unter Rühren goldgelb andünsten. Reis zufügen und glasig andünsten.

3 Alles nach und nach mit der Gemüsebrühe ablöschen, bis der Reis die gesamte Flüssigkeit aufgesogen hat. Dabei häufig umrühren. Risotto bei schwacher Hitze ca. 20 Minuten (s. Packungsanweisung) ausquellen lassen.

4 Vom Parmesan einige Späne mit einem Sparschäler abhobeln, den Rest reiben. Geriebenen Käse, Fett und gebratene Pilze locker unter den Reis heben. Mit Salz und Pfeffer abschmecken. Risotto mit Parmesan-Spänen bestreuen.
Getränk: trockener Rotwein, z. B. Lagrein dunkel/Südtirol.

Zubereitungszeit ca. 50 Min.
Portion ca. 450 kcal / 1890 kJ
E 16 g, F 17 g, KH 56 g

Risotto primavera

Zutaten für 4 Personen:

- 2 Zwiebeln
- 2 Stangen (ca. 400 g) Porree (Lauch)
- 400 g Möhren
- 2 EL Öl
- 250 g Risotto-Reis (z. B. Arborio)
- Salz, weißer Pfeffer
- knapp ¾ l Gemüsebrühe
- 100 g Grana-Padano-Käse (im Stück)
- 100 g Schlagsahne
- ½ Bund glatte Petersilie

1 Zwiebeln schälen und fein würfeln. Porree putzen, waschen und in Ringe schneiden. Möhren schälen, waschen und in Scheiben schneiden.

2 Öl in einem Topf erhitzen und Zwiebeln darin andünsten. Porree und Möhren zufügen und kurz mitdünsten. Reis zugeben, glasig andünsten. Mit Salz und Pfeffer würzen. Nach und nach mit Brühe ablöschen, bis der Reis die gesamte Brühe aufgesogen hat. Dabei häufig umrühren. Bei schwacher Hitze ca. 20 Minuten (s. Packungsanweisung) garen.

3 Vom Käse einige Späne abhobeln. Den Rest fein reiben und kurz vor Ende der Garzeit mit der Sahne unter den Risotto rühren. Nochmals abschmecken und auf einem Teller anrichten. Petersilie waschen, trockenschütteln und Blättchen von den Stielen abzupfen. In feine Streifen schneiden, auf den Risotto streuen. Mit den Käsespänen bestreuen.
Getränk: leichter Weißwein, z. B. Bianco di Custoza/Venetien.

Zubereitungszeit ca. 35 Min.
Portion ca. 490 kcal / 2050 kJ
E 17 g, F 21 g, KH 56 g

RISOTTO-REIS

Reis wird seit dem 15. Jahrhundert in Italien angebaut. Ein Risotto gelingt am besten mit speziellen Reissorten, die in der Po-Ebene (hauptsächlich im Piemont) angebaut werden: Arborio, Carnaroli und Vialone nano. Letzterer kann die meiste Flüssigkeit aufnehmen.

Genießen „alla

Nicht nur das Mittelmeer, auch die Seen im Binnenland liefern köstliche Fische. Mit frischen Kräutern zubereitet, bereichern sie die Speisekarte als „secondi piatti“

marinara“

Thunfisch mit Knoblauch-Püree

Zutaten für 4 Personen:

- **800 g Kartoffeln**
- **Salz**
- **1 Zwiebel**
- **4–5 EL Weißwein-Essig**
- **schwarzer Pfeffer, Zucker**
- **3–5 EL Öl (z. B. Olivenöl)**
- **8 mittelgroße Tomaten**
- **200 g Rucola (Rauke)**
- **3 Knoblauchzehen**
- **4 Thunfischsteaks (à ca. 125 g)**
- **8 unbehandelte Zitronenscheiben**
- **2 EL Zitronensaft**
- **ca. 300 ml Milch**

1 Kartoffeln schälen, waschen und in Salzwasser ca. 20 Minuten kochen. Zwiebel schälen und fein hacken.

2 Essig, 2 EL Wasser, Salz, Pfeffer und etwas Zucker verrühren. 2–4 EL Öl darunter schlagen. Zwiebel unterrühren. Tomaten waschen und vierteln. Dann Rucola putzen, waschen und etwas kleiner zupfen. Alle Salatzutaten mit der Marinade mischen.

3 Knoblauch schälen. 2 Zehen in Scheibchen schneiden. Thunfisch waschen und trockentupfen. 1 EL Öl in einer beschichteten Pfanne erhitzen. Fischsteaks darin pro Seite 2–3 Minuten braten. Knoblauch- und Zitronenscheiben mitbraten. Mit Salz, Pfeffer und Zitronensaft würzen.

4 Milch erhitzen. Die Kartoffeln abgießen und zerstampfen. Milch zufügen und 1 Knoblauchzehe dazudrücken. Püree glatt rühren und abschmecken. Alles auf Tellern anrichten.
Getränk: trockener Weißwein, z. B. Regaleali Bianco/Sizilien.

Zubereitungszeit ca. 30 Min.
Portion ca. 520 kcal / 2180 kJ
E 35 g, F 23 g, KH 39 g

Dorade in Zucchini-Safransoße

Zutaten für 2 Personen:

- **2 küchenfertige Doraden mit Kopf (à ca. 300 g)**
- **1 unbehandelte Zitrone**
- **2 Knoblauchzehen**
- **einige Stiele Thymian**
- **2 EL Butter/Margarine**
- **Salz, weißer Pfeffer**
- **1 Zucchini (200 g)**
- **⅛ l Weißwein**
- **½ Glas (200 ml) Fischfond**
- **1 Kapsel Safran-Fäden**
- **Zitronenspalten und Thymian zum Garnieren**

1 Doraden waschen, mit Küchenpapier trockentupfen und auf einer Seite rautenartig einschneiden.

2 Zitrone waschen, trockenreiben und in Scheiben schneiden. Knoblauch schälen und in Scheiben schneiden. Thymian waschen. Zitronenscheiben, Knoblauch und Thymian in die Einschnitte der Doraden stecken.

3 Fett in einer großen Pfanne erhitzen. Fische mit Salz und Pfeffer würzen und im heißen Fett von beiden Seiten ca. 10 Minuten braten.

4 Zucchini putzen, waschen und in Stifte schneiden. Zum Fisch geben. Wein und Fond angießen, Safran zufügen und ca. 5 Minuten etwas einkochen lassen. Mit Zitronenspalten und Thymian garnieren. Dazu passt italienisches Weißbrot.
Getränk: kühler Weißwein, z. B. Soave Classico/Venetien.

Zubereitungszeit ca. 45 Min.
Portion ca. 430 kcal / 1800 kJ
E 39 g, F 25 g, KH 2 g

Fischfilet mit Oliven-Käse-Kruste

Zutaten für 4 Personen:

- 3–4 Knoblauchzehen
- 150–200 g Oliven (ohne Stein)
- 80–100 g Parmesan-Käse (im Stück)
- 4 EL Paniermehl
- 4 EL Olivenöl
- 6–8 Stiele Thymian
- 4 Fischfilets (à ca. 200 g; z. B. Kabeljau)
- 2 EL Zitronensaft
- Salz, schwarzer Pfeffer
- 4 große Tomaten
- Fett für die Form
- Zitrone und Thymian zum Garnieren

1 Knoblauch schälen und hacken. Oliven ebenfalls fein hacken. Käse reiben. Knoblauch, Oliven, Parmesan, Paniermehl und Olivenöl verrühren. Thymian waschen. Blättchen abzupfen, unter die Olivenpaste mischen.

2 Fischfilets waschen, trockentupfen, mit Zitronensaft beträufeln, salzen und pfeffern. Olivenpaste auf den Fischfilets verteilen.

3 Tomaten waschen und in Scheiben schneiden. Tomatenscheiben in 4 kleine oder eine große gefettete feuerfeste Form legen. Fisch darauf setzen und im vorgeheizten Backofen (E-Herd: 200 °C/Umluft: 175 °C/ Gas: Stufe 3) 20 Minuten garen.

4 Überbackene Fischfilets mit Zitronenspalten und Thymian garnieren. Dazu passen gemischter Salat und italienisches Weißbrot.
Getränk: trockener Weißwein, z. B. Pinot Grigio/Friaul.

Zubereitungszeit ca. 30 Min.
Portion ca. 500 kcal / 2100 kJ
E 45 g, F 30 g, KH 9 g

Broccoli-Lachs-Lasagne

Zutaten für 4 Personen:

- 1 kg Broccoli
- Salz
- 1 mittelgroße Zwiebel
- 30 g Butter/Margarine
- 40 g Mehl
- 125 g Schlagsahne
- ⅛ l Milch
- weißer Pfeffer
- geriebene Muskatnuss
- 75 g Bel-Paese-Käse (Stück)
- ½–1 Bund/Töpfchen Dill
- 12 Lasagneblätter
- 200–250 g geräucherter Lachs in Scheiben

1 Broccoli putzen, waschen und in kleine Röschen teilen. In ½ l kochendem Salzwasser 3–5 Minuten garen. Danach abtropfen lassen. Das Gemüsewasser dabei auffangen.

2 Für die Soße Zwiebel schälen, fein würfeln. Fett erhitzen. Zwiebel darin glasig dünsten. Mehl darüber stäuben und unter Rühren anschwitzen. Nach und nach Sahne, Milch und Gemüsewasser zugießen. Bei schwacher Hitze ca. 10 Minuten köcheln lassen. Soße mit Salz, Pfeffer und Muskat abschmecken.

3 Käse reiben. Dill waschen, trockenschütteln und fein schneiden. Käse und Dill unter die Soße rühren.

4 Den Boden einer Auflaufform (möglichst rechteckig) mit Soße leicht bedecken. 4 Lasagneblätter darauf verteilen. Jeweils die Hälfte der Lachsscheiben und Broccoli darauf legen. Mit ⅓ Sahnesoße begießen. 4 Lasagneblätter, übrigen Lachs und Broccoli darauf legen. Ein weiteres Drittel Soße darüber gießen und 4 Lasagneblätter darauf legen. Zum Abschluß Rest Soße darauf verteilen.

5 Lasagne im vorgeheizten Backofen (E-Herd: 200 °C/Umluft: 175 °C/ Gas: Stufe 3) ca. 45 Minuten backen. Evtl. in den letzten 15 Minuten mit Alufolie abdecken.
Getränk: trockener Weißwein, z. B. Orvieto Classico/Umbrien.

Zubereitungszeit ca. 1 ½ Std.
Portion ca. 580 kcal / 2430 kJ
E 30 g, F 28 g, KH 48 g

Lachsforelle vom Grill

Zutaten für 4 Personen:

- **2–3 Knoblauchzehen**
- **1 unbehandelte Zitrone**
- **3–4 Stiele Rosmarin**
- **2 küchenfertige Lachsforellen (à 700 g)**
- **Salz, Pfeffer, etwas Zucker**
- **etwas + 6–8 EL Olivenöl**
- **4–5 EL Weißwein-Essig**
- **1 große Zwiebel**
- **4 mittelgroße Tomaten**
- **3 Möhren (ca. 200 g)**
- **125–150 g Rucola (Rauke)**
- **Holzspießchen, Alufolie**

1 Knoblauch schälen und Zitrone waschen. Beides in dünne Scheiben schneiden. Rosmarin waschen und kleiner zupfen.

2 Forellen waschen, trockentupfen. Innen und außen mit Salz und Pfeffer einreiben. Rosmarin, bis auf etwas, Knoblauch und ⅔ Zitrone in die Bauchöffnungen verteilen. Zustecken. Forellen von beiden Seiten mit einem scharfen Messer diagonal einritzen.

3 Auf geölter Alufolie auf den heißen Grill legen. Mit je 2 EL Öl beträufeln. Unter 1- bis 2-maligem Wenden 15–20 Minuten grillen. Oder im heißen Backofen (E-Herd: 200 °C/ Umluft: 175 °C/Gas: Stufe 3) ca. 20–25 Minuten braten. Evtl. ca. 5 Minuten vor Ende der Bratzeit den Grill zuschalten.

4 Essig, 2 EL Wasser, Salz, Pfeffer und Zucker verrühren. 2–4 EL Öl darunter schlagen. Zwiebel schälen, Tomaten waschen und beides in Spalten schneiden. Möhren schälen, waschen, grob raspeln. Rucola putzen, waschen und kleiner zupfen. Alles mit der Salatsoße mischen. Forellen mit Zitrone und Rosmarin garnieren. Salat extra reichen. Dazu passt Ciabatta (italienisches Weißbrot).
Getränk: trockener Weißwein, z. B. Nosiola/Trentino.

Zubereitungszeit ca. 40 Min.
Portion ca. 360 kcal / 1510 kJ
E 38 g, F 20 g, KH 5 g

Seebarsch mit buntem Gemüse

Zutaten für 4 Personen:

- **600 g kleine Kartoffeln**
- **Salz, weißer Pfeffer**
- **4 Fischfilets (à ca. 200 g; z. B. Seebarsch oder Merlan; ersatzw. Kabeljau oder Rotbarsch)**
- **Saft von ½ Zitrone**
- **4 kleine Tomaten**
- **1 kg Gemüse (z. B. Zucchini, rote Paprikaschote, Aubergine)**
- **6–8 Stiele Thymian**
- **1–2 EL Olivenöl**
- **40 g Parmesan-Käse (Stück)**
- **Zitronenspalten und frische Kräuter zum Garnieren**

1 Kartoffeln schälen, waschen und in Salzwasser ca. 20 Minuten kochen.

2 Fisch waschen, trockentupfen, mit Zitronensaft beträufeln. Gemüse putzen und waschen. Tomaten und Zucchini in Scheiben, Paprika und Aubergine in grobe Stücke schneiden. Thymian waschen, trockenschütteln und Blättchen abzupfen.

3 Fischfilets würzen. In einer beschichteten Pfanne im heißen Öl von jeder Seite ca. 3 Minuten braten. Herausnehmen und evtl. in eine ofenfeste Form legen. Käse reiben.

4 Gemüse im Bratfett andünsten. Thymian zufügen, ca. 5 Minuten weiterdünsten. Gemüse auf dem Fisch verteilen und Käse darüber streuen. Evtl. im vorgeheizten Backofen (E-Herd: 225 °C/Umluft: 200 °C/Gas: Stufe 4) ca. 10 Minuten goldbraun überbacken. Kartoffeln abgießen und mit dem Fisch anrichten. Nach Belieben mit Zitronenspalten und Kräutern garnieren.
Getränk: kühler Weißwein, z. B. Biancodi Sicilia/Sizilien.

Zubereitungszeit ca. 40 Min.
Portion ca. 430 kcal / 1800 kJ
E 46 g, F 12 g, KH 32 g

Seehechtfilet mit Tomaten & Rucola

Zutaten für 4 Personen:

- ca. 800 g Seehechtfilet (ersatzw. Kabeljaufilet)
- 2 EL Zitronensaft
- 150–200 g Rucola (Rauke)
- 500 g Kirschtomaten oder kleine Tomaten
- 2–3 kleine Zwiebeln
- 2–3 Knoblauchzehen
- 1 EL Öl (z. B. Olivenöl)
- Salz, weißer Pfeffer
- 6–8 EL Balsamico-Essig
- evtl. unbehandelte Zitronenspalten zum Garnieren

1 Fischfilets waschen, trockentupfen und in Stücke schneiden. Mit Zitronensaft beträufeln.

2 Rucola putzen, waschen und evtl. etwas kleiner zupfen. Tomaten waschen und halbieren bzw. vierteln. Zwiebeln schälen und in dünne Spalten schneiden. Knoblauch schälen und fein würfeln.

3 Öl in einer beschichteten Pfanne erhitzen. Fischwürfel mit Salz und Pfeffer würzen und darin von jeder Seite ca. 2 Minuten goldbraun braten. Herausnehmen.

4 Zwiebeln und Knoblauch im heißen Bratfett glasig dünsten. Tomaten zufügen und kurz andünsten. Essig darüber träufeln. Mit Salz und Pfeffer würzen. Fisch wieder in die Pfanne geben und kurz erwärmen. Rucola zufügen. Alles anrichten. Evtl. mit Zitrone garnieren. Dazu passt italienisches Weißbrot.

Getränk: kühler Weißwein, z. B. Verdicchio dei Castelli di Jesi/Marken.

Zubereitungszeit ca. 30 Min.
Portion ca. 210 kcal / 880 kJ
E 37 g, F 5 g, KH 4 g

EXTRA-TIPP

In der italienischen Küche wird gern Meersalz verwendet, das an der Adria-Küste und an der Westküste Siziliens gewonnen wird. Es ist grober und salziger als die meisten Tafelsalzsorten und enthält keine Trennmittel.

Calamari alla romana

Zutaten für 4 Personen:

- **2 Zwiebeln**
- **6 Tomaten**
- **1 kleine Salatgurke**
- **8 EL Essig**
- **Salz, grober Pfeffer, 1 Prise Zucker**
- **4 EL Öl**
- **8 EL Salatcreme**
- **4 EL Magerjoghurt**
- **2 Knoblauchzehen**
- **einige Spritzer Limettensaft**
- **2 Packungen (à 250 g) tiefgefrorene Tintenfischringe im Backteig**
- **ca. 500 g Frittierfett**
- **einige Salatblätter**
- **frische Kräuter zum Garnieren**

1 Für den Salat Zwiebeln schälen, in Ringe schneiden. Tomaten und Gurke putzen, waschen, in Scheiben schneiden. Essig, Salz, Pfeffer und Zucker verrühren. Zuletzt Öl darunter schlagen. Vorbereitete Zutaten und Marinade mischen, ziehen lassen.

2 Für den Dip Salatcreme und Joghurt gut verrühren. Knoblauch schälen, durch eine Presse hineindrücken. Mit Salz, Pfeffer und Limettensaft würzig abschmecken.

3 Tintenfischringe unaufgetaut, portionsweise in das heiße Frittierfett geben. Ca. 3 Minuten goldgelb frittieren. Auf Küchenpapier abtropfen lassen. Tintenfischringe auf Salatblättern anrichten und garnieren. Mit Salat und Dip servieren. Dazu passt italienisches Weißbrot.
Getränk: trockener Weißwein, z. B. Frascati Superiore/Latium.

Zubereitungszeit ca. 25 Min.
Portion ca. 400 kcal / 1680 kJ
E 9 g, F 32 g, KH 17 g

Seeteufel mit Paprika-Oliven-Gemüse

Zutaten für 4 Personen:

- **750 g Seeteufel-Filet**
- **40 g Mehl**
- **Salz, weißer Pfeffer**
- **4 EL Olivenöl**
- **je 1 grüne und gelbe Paprikaschote**
- **2 rote Paprikaschoten**
- **1 große Zwiebel**
- **2 Knoblauchzehen**
- **100 g schwarze Oliven**
- **8 Stiele frischer oder 1 TL getrockneter Majoran**

1 Fischfilet kalt abspülen, trockentupfen. In Portionsstücke schneiden und in Mehl wenden. Mit Salz und Pfeffer würzen und in 2 EL heißem Öl rundherum 8-10 Minuten braten.

2 Paprika putzen, waschen und klein schneiden. Zwiebel und Knoblauch schälen, würfeln.

3 Den Fisch aus der Pfanne nehmen. 2 EL Öl darin erhitzen. Paprika, Zwiebel und Knoblauch zufügen, ca. 5 Minuten braten. Oliven zufügen. Mit Majoran, Salz und Pfeffer würzen.

4 Die Fischstücke auf das Paprikagemüse legen und zugedeckt nochmals mit erwärmen. Dazu passt frisches italienisches Weißbrot.
Getränk: trockener Weißwein, z. B. Bianco d'Alcamo/Sizilien.

Zubereitungszeit ca. 30 Min.
Portion ca. 400 kcal / 1680 kJ
E 50 g, F 15 g, KH 13 g

EXTRA-TIPP

Seeteufel hat feines, festes und aromatisches Fleisch. Sie können das Rezept aber auch mit Seehecht, Steinbeißer oder Petersfisch zubereiten.

Feines aus

Marinierte Meeresfrüchte

Zutaten für 4 Personen:

- **300 g küchenfertige Tintenfische**
- **Salz, weißer Pfeffer**
- **2 Dosen (à 90 g) Anchovisfilets**
- **1 Dose (110 g) Muschelfleisch, naturell**
- **2 mittelgroße Zwiebeln**
- **2 Knoblauchzehen**
- **1 Bund Petersilie**
- **1 Bund/Töpfchen Basilikum**
- **6 EL Weißwein-Essig**
- **6 EL Olivenöl**
- **200 g Tiefsee-Krabbenfleisch**
- **einige Salatblätter**
- **Zitronenspalten, Petersilie**

1 Tintenfische waschen und in Ringe schneiden. In kochendem Salzwasser 10–15 Minuten garen. Anchovisfilets mit Küchenpapier abtupfen. Muscheln gut abtropfen lassen.

2 Zwiebeln und Knoblauch schälen und würfeln. Kräuter waschen und hacken. Essig, Salz und Pfeffer verrühren. Öl darunter schlagen. Knoblauch zufügen. Petersilie und Zwiebeln unter eine Hälfte der Marinade rühren. Den Rest mit Basilikum mischen.

3 Tintenfische und Krabben in der Petersilien-Marinade, Anchovisfilets und Muscheln in der Basilikum-Marinade ca. 3 Stunden kühl stellen. Nochmals abschmecken. Mit Salatblättern, Zitronenspalten und Petersilie anrichten. Dazu passen Grissini. **Getränk:** trockener Weißwein, z. B. Tocai del Piave/Venetien.

Zubereitungszeit ca. 25 Min.
Wartezeit ca. 3 Std.
Portion ca. 350 kcal / 1470 kJ
E 25 g, F 25 g, KH 3 g

dem Meer

Bei 8500 km Küstenlänge ist es kein Wunder, dass Meeresfrüchte in Italiens Küche eine große Rolle spielen. Von Muscheln über Garnelen bis Scampi ist alles dabei

Gebratene Riesengarnelen

Zutaten für 4 Personen:

- **16 rohe Riesengarnelen oder Scampi (mit Schale, ohne Kopf)**
- **2 Knoblauchzehen**
- **1 Bund/Töpfchen Basilikum**
- **4 EL Olivenöl**
- **Salz, schwarzer Pfeffer**
- **einige Spritzer Zitronensaft**
- **Zitrone zum Garnieren**

1 Garnelen aus der Schale lösen, am Rücken einschneiden und den schwarzen Darm entfernen. Garnelen waschen und trockentupfen.

2 Knoblauch schälen und fein hacken oder in Scheibchen schneiden. Basilikum waschen und trockenschütteln. Blättchen abzupfen und, bis auf einige zum Garnieren, in Streifen schneiden.

3 2 EL Olivenöl in einer großen Pfanne erhitzen. Knoblauch darin andünsten. Garnelen zugeben, unter Wenden 3–4 Minuten braten. Mit Salz, Pfeffer und Zitronensaft pikant würzen.

4 Garnelen und Knoblauch herausnehmen. Mit Basilikumstreifen und restlichem Öl mischen. Etwas ziehen lassen. Mit Zitronenspalten und restlichem Basilikum garnieren. Dazu passt italienisches Weißbrot. **Getränk:** trockener Schaumwein, z. B. Prosecco Spumante oder Frizzante/Venetien.

Zubereitungszeit ca. 30 Min.
Portion ca. 240 kcal / 1000 kJ
E 30 g, F 13 g, KH 0 g

Gratinierte Miesmuscheln

Zutaten für 4 Personen:

- ca. 1 kg Miesmuscheln
- 250 g Möhren, 100 g Porree (Lauch)
- 2 mittelgroße Zwiebeln
- 2–3 Knoblauchzehen
- 1–2 TL getrockneter Thymian
- 2 EL Öl, 1 Lorbeerblatt
- ⅛ l trockener Weißwein
- 3–4 Stiele Petersilie
- 1 Scheibe Toastbrot
- 25 g Parmesan-Käse (im Stück)
- 2 EL (ca. 30 g) Butter
- Salz, weißer Pfeffer

1 Muscheln unter fließendem kalten Wasser gut abbürsten. „Bärte" entfernen. Offene Muscheln wegwerfen.

2 Gemüse putzen, waschen. Zwiebeln und Knoblauch schälen. Alles fein würfeln und mit Thymian im Öl andünsten. Hälfte herausnehmen. Muscheln, Lorbeer und Wein zugeben und alles aufkochen. Zugedeckt 6–8 Minuten garen. Topf zwischendurch mehrmals rütteln.

3 Petersilie waschen, fein hacken. Toast zerbröseln. Käse reiben. Alles mit Butter und Rest Gemüse mischen, mit Salz und Pfeffer würzen.

4 Muscheln abtropfen, geschlossene wegwerfen. Obere Schale entfernen. Muscheln in 4 feuerfeste Förmchen setzen. Mit Füllung bestreichen. Je 3 EL Sud zugießen. Muscheln im vorgeheizten Backofen (E-Herd: 225 °C/Umluft: 200 °C/Gas: Stufe 4) ca. 10 Minuten überbacken.
Getränk: trockener Weißwein, z. B. Chardonnay/Friaul.

Zubereitungszeit ca. 1 Std.
Portion ca. 220 kcal / 920 kJ
E 11 g, F 15 g, KH 9 g

EXTRA-TIPP

Miesmuscheln (ital. Cozze) immer frisch kaufen. Die Schalen müssen fest geschlossen sein bzw. sich beim Antippen schließen. Exemplare, die sich beim Garen nicht geöffnet haben, sollte man aussortieren.

Zweierlei gefüllte Muscheln

Zutaten für 4–6 Personen:

- 2 kg große Miesmuscheln
- 1 großes Bund Petersilie
- 50 g Weißbrot vom Vortag oder 50 g Paniermehl
- 12 EL Öl (z. B. Olivenöl)
- Salz, weißer Pfeffer
- 3 Zwiebeln, 4–6 Knoblauchzehen
- 1 EL Tomatenmark
- 1 Packung (500 g) stückige Tomaten
- etwas Zucker
- ⅛ l trockener Weißwein
- 50 g Parmesan-Käse (im Stück)

1 Muscheln unter fließendem kalten Wasser gut abbürsten, evtl. „Bärte" entfernen. Geöffnete aussortieren.

2 Petersilie waschen, hacken. Brot fein reiben. Mit 5 EL Öl, Petersilie, Salz und Pfeffer mischen. Zwiebeln und Knoblauch schälen und hacken.

3 3 EL Öl erhitzen. Je die Hälfte Zwiebeln und Knoblauch darin andünsten. Tomatenmark darin anschwitzen. Mit stückigen Tomaten ablöschen. Mit Salz, Pfeffer und Zucker abschmecken. 5–10 Minuten dicklich einkochen lassen.

4 2 EL Öl im großen Topf erhitzen. Reste von Zwiebeln und Knoblauch darin andünsten. Muscheln, Wein und ½ l Wasser zugeben, aufkochen. Zugedeckt 8–10 Minuten garen. Dabei den Topf zwischendurch rütteln.

5 Käse reiben. Muscheln abtropfen, geschlossene aussortieren. Leere Schalenhälften abbrechen. Muscheln auf ein Backblech setzen. Hälfte mit Petersilienmasse, Hälfte mit Tomatensoße füllen. Mit Parmesan bestreuen und mit 2 EL Öl beträufeln.

6 Muscheln im vorgeheizten Backofen (E-Herd: 225 °C/Umluft: 200 °C/Gas: Stufe 4) 10–15 Minuten überbacken. Dazu passt Weißbrot.
Getränk: trockener Weißwein, z. B. Frascati Secco/Latium.

Zubereitungszeit ca. 50 Min.
Portion ca. 320 kcal / 1340 kJ
E 12 g, F 24 g, KH 12 g

Überbackenes Garnelen-Pfännchen

Zutaten für 4 Personen:

- **500 g küchenfertige Garnelen (ohne Schale)**
- **4 EL Zitronensaft**
- **250 g Kirschtomaten**
- **2 Bund Lauchzwiebeln**
- **2 Limetten oder unbeh. Zitronen**
- **4 Knoblauchzehen**
- **150 g schwarze Oliven**
- **Fett für die Förmchen**
- **Salz, weißer Pfeffer**
- **8 EL Olivenöl**
- **150 g Bel-Paese- oder Fontina-Käse (im Stück)**
- **evtl. Basilikum zum Garnieren**

1 Garnelen kurz waschen, trockentupfen und mit Zitronensaft beträufeln. Tomaten und Lauchzwiebeln putzen und waschen. Tomaten halbieren, Lauchzwiebeln in Ringe schneiden. Limetten gründlich waschen. Knoblauch schälen. Beides in dünne Scheiben schneiden.

2 Alles mit den Oliven in 4 gefettete ofenfeste Förmchen füllen. Mit Salz und Pfeffer würzen. Mit Olivenöl beträufeln. Käse grob raspeln und darüber streuen.

3 Garnelen-Pfännchen im vorgeheizten Backofen (E-Herd: 200 °C/ Umluft: 175 °C/Gas: Stufe: 3) ca. 15 Minuten überbacken. Mit Basilikumblättchen garnieren. Dazu passt knusprig-frisches Weißbrot. **Getränk:** trockener Weißwein, z. B. Verdicchio/Marken.

Zubereitungszeit ca. 30 Min.
Portion ca. 560 kcal / 2350 kJ
E 37 g, F 39 g, KH 11 g

Garnelen-Spieße „alla griglia"

Zutaten für 4 Personen:

- **24 Schalotten**
- **24 große Garnelen oder Scampi (à ca. 40 g)**
- **12 frische oder getr. Lorbeerblätter**
- **1 Limette oder unbeh. Zitrone**
- **grober weißer Pfeffer**
- **3 EL Olivenöl**
- **Salz**
- **200 ml Knoblauch-Mayonnaise (z. B. Aioli, fertig gekauft)**
- **8 Holzspieße**

1 Schalotten schälen. Garnelen, bis auf den Schwanz, aus der Schale lösen. Rücken längs einschneiden und Darm entfernen. Lorbeer waschen. Einige Garnelen mit je einem frischen Lorbeerblatt umwickeln. Auf jeden Spieß abwechselnd 3 Schalotten und 3 Garnelen stecken. (Getrocknete Lorbeerblätter zwischen Garnelen und Schalotten aufspießen.)

2 Limette heiß abspülen, trockenreiben und halbieren. Eine Hälfte auspressen, die andere Hälfte in Scheiben schneiden. Limettensaft, Pfeffer und Olivenöl verrühren. Die Scampi damit bestreichen.

3 Garnelen-Spieße auf dem heißen Grill oder in der Grillpfanne bei milder Hitze ca. 10 Minuten braten, dabei gelegentlich mit dem Limettenöl einstreichen. Garnelen salzen. Mit Limettenscheiben anrichten. Knoblauch-Mayonnaise dazureichen. Dazu passt knuspriges Weißbrot.
Getränk: frischer Weißwein, z. B. Galestro/Toskana.

Zubereitungszeit ca. 40 Min.
Person ca. 700 kcal / 2940 kJ
E 50 g, F 37 g, KH 38 g

EXTRA-TIPP

Der Scampo (Mehrzahl: Scampi) oder auch Kaisergranat ist ein Verwandter des Hummers, hat also Scheren. Ohne Kopf unterscheidet er sich von der Riesengarnele dadurch, dass sein Schwanz von oben gesehen breit gefächert ist.

Fettuccine mit „frutti di mare“

Zutaten für 4 Personen:

- 2 Knoblauchzehen
- 1 EL Öl
- 1 Packung (500 g) TK-Frutti di mare (z. B. Muscheln, Garnelen und Tintenfisch)
- ¼ l Weißwein
- 250 g Bandnudeln
- Salz
- 30 g Butter/Margarine
- 30 g Mehl
- 200 g Schlagsahne
- 100 g TK-Erbsen
- weißer Pfeffer
- evtl. einige frische Muscheln zum Garnieren

1 Knoblauch schälen, hacken. Im heißen Öl dünsten. Meeresfrüchte zufügen und mit Wein ablöschen. Zugedeckt ca. 12 Minuten kochen.

2 Nudeln in reichlich kochendem Salzwasser 8–10 Minuten garen. Meeresfrüchte abtropfen lassen, dabei Sud auffangen. Fett erhitzen. Mehl darin anschwitzen. Mit Sahne und Sud ablöschen. Erbsen unaufgetaut zufügen und ca. 5 Minuten köcheln, abschmecken.

3 Die Meeresfrüchte zugeben und in der Soße erwärmen. Nach Belieben einige frische Muscheln unter fließendem Wasser abbürsten und in kochendem Salzwasser garen, bis sie sich geöffnet haben.

4 Bandnudeln mit der Meeresfrüchte-Soße auf Tellern anrichten. Evtl. mit Muscheln in Schale garnieren. **Getränk:** trockener Weißwein, z. B. Vernaccia di San Gimignano/ Toskana.

Zubereitungszeit ca. 30 Min.
Portion ca. 620 kcal / 2590 kJ
E 26 g, F 27 g, KH 53 g

Delikate

Schnitzel, Röllchen, große Braten – die Italiener lieben saftiges Fleisch. Keine großen Portionen, aber immer von bester Qualität und stets raffiniert zubereitet

Saltimbocca alla romana

Zutaten für 4 Personen:

- **25 g + 1 EL + 1 EL Butter**
- **10 Scheiben (ca. 125 g) Parmaschinken**
- **2 kleine Zwiebeln**
- **ca. 16 Salbeiblätter**
- **8 dünne Kalbsschnitzel (à ca. 70 g)**
- **450 g TK-Erbsen**
- **⅛ l Gemüsebrühe**
- **Salz, Pfeffer, 1 Prise Zucker**
- **⅛ l trockener Weißwein**
- **Holzspießchen**

1 25 g Butter in Stückchen kalt stellen. 2 Scheiben Schinken in feine Streifen schneiden. Zwiebeln schälen, in dünne Ringe schneiden. Salbei waschen. Fleisch abtupfen und evtl. flacher klopfen. Auf jedem Schnitzel 1 Scheibe Schinken und 2 Salbeiblätter mit Holzspießchen feststecken.

2 1 EL Butter erhitzen. Zwiebeln darin andünsten. Erbsen zufügen. Brühe angießen, aufkochen und 5–8 Minuten köcheln. Schinkenstreifen unterheben. Mit Salz, Pfeffer und Zucker abschmecken.

3 1 EL Butter erhitzen. Schnitzel darin bei mittlerer Hitze von jeder Seite 2–3 Minuten braten. Mit Salz und Pfeffer würzen. Warm stellen.

4 Den Bratensatz mit Wein ablöschen, aufkochen. Die kalte Butter mit einem Schneebesen kräftig einrühren. Die Soße mit Salz und Pfeffer abschmecken. Erbsen und Saltimbocca auf einer Platte anrichten und die Soße darüber gießen. Dazu passt Ciabatta (italienisches Weißbrot) oder Reis. **Getränk:** frischer Weißwein, z. B. Est! Est!! Est!!! di Montefiascone/ Latium.

Zubereitungszeit ca. 30 Min.
Portion ca. 450 kcal / 1890 kJ
E 32 g, F 25 g, KH 16 g

Fleischgerichte

Ossobuco auf Mailänder Risotto

Zutaten für 4 Personen:

- 150 g Möhren
- 150 g Staudensellerie
- 1 Dose (425 ml) Tomaten
- 2 Zwiebeln
- 4 Scheiben (à 300 g) Kalbshaxe
- Salz, weißer Pfeffer, 2–3 EL Öl
- 1 EL Tomatenmark
- 1 l klare Brühe
- 100 ml + 200 ml Weißwein
- 2 Rindermark-Knochen
- 2 EL Butter
- 250 g Risotto-Reis (z. B. Avorio)
- 1 Döschen Safran
- 30 g Parmesan-Käse (im Stück)
- 3 Knoblauchzehen
- ½ Bund glatte Petersilie
- 1 unbeh. Zitrone, Küchengarn

1 Möhren und Sellerie putzen, waschen, klein schneiden. Tomaten abtropfen lassen, Saft auffangen. Tomaten würfeln. Zwiebeln schälen und würfeln. Kalbshaxen würzen und mit Küchengarn in Form binden. Im heißen Öl kräftig anbraten und herausnehmen.

2 Hälfte der Zwiebeln im heißen Bratfett andünsten. Gemüse, Tomatensaft und -mark, ½ l Brühe und 100 ml Wein zufügen. Fleisch darauf legen. Zugedeckt im vorgeheizten Backofen (E-Herd: 200 °C/Umluft: 175 °C/Gas: Stufe 3) ca. 1½ Stunden schmoren.

3 Knochen kurz überbrühen, Mark herauslösen. Rest Zwiebelwürfel im Fett glasig dünsten. Mark, Reis und Safran zufügen. ½ l Brühe und 200 ml Wein angießen. Reis 20–30 Minuten bei schwacher Hitze quellen lassen. Käse reiben, unter den Risotto ziehen.

4 Für die Gremolata Knoblauch schälen. Petersilie waschen. Beides hacken. Zitrone schälen, Schale in Streifen schneiden. Knoblauch, Petersilie und Schale mischen, mit Salz und Pfeffer abschmecken. Fleisch und Risotto anrichten. Mit der Gremolata bestreuen.
Getränk: fruchtiger Rotwein, z. B. Bardolino/Gardasee.

Zubereitungszeit ca. 2 Std.
Portion ca. 790 kcal / 3310 kJ
E 68 g, F 32 g, KH 32 g

Schnitzel „al limone“ mit Fenchel

Zutaten für 4 Personen:

- 4 dünne Kalbsschnitzel (à ca. 150 g)
- Salz, weißer Pfeffer
- 3–4 EL (60–80 g) + ca. 1 EL Mehl
- 800 g Fenchel
- 2–3 EL Zitronensaft
- 50 g getrocknete Tomaten in Öl
- 2 EL Olivenöl
- 50 g entkernte schwarze Oliven
- 2 EL (30 g) Butter
- 100 g Schlagsahne
- 300 ml Kalbsfond (Glas)
- Zitrone und Kräuter zum Garnieren
- Frischhaltefolie

1 Schnitzel trockentupfen, halbieren und zwischen 2 Lagen Frischhaltefolie auf ca. ½ cm Dicke flachklopfen. Mit Salz und Pfeffer würzen, in 3–4 EL Mehl wenden und überschüssiges Mehl abklopfen.

2 Fenchel putzen, waschen und in dünne Scheiben schneiden. In kochendem Salzwasser mit einigen Spritzern Zitronensaft ca. 5 Minuten garen. Anschließend in einem Sieb abtropfen lassen.

3 Getrocknete Tomaten in Streifen schneiden. Öl erhitzen. Fenchel, Oliven und Tomaten darin unter Wenden ca. 5 Minuten dünsten.

4 Inzwischen Fett erhitzen. Schnitzel von jeder Seite 1–2 Minuten braten. Aus der Pfanne nehmen und warm stellen. Sahne und 1 EL Mehl verrühren. Bratensatz mit Fond ablöschen, kurz aufkochen. Sahne einrühren. Soße mit Salz, Pfeffer und Zitronensaft abschmecken.

5 Schnitzel, Gemüse und Soße auf Tellern anrichten. Mit Zitronenscheiben und Kräutern garnieren. **Getränk:** trockener Roséwein, z. B. Rosato di Toscana/Toskana.

Zubereitungszeit ca. 30 Min.
Portion ca. 490 kcal / 2050 kJ
E 36 g, F 29 g, KH 17 g

Gefüllte Schweineröllchen

Zutaten für 4 Personen:

- 250 g Champignons
- 1 Knoblauchzehe
- 1 kleine Chilischote
- 3 EL Öl (z. B. Olivenöl)
- ½ Bund Petersilie
- 30 g Grana-Padano-Käse (im Stück)
- 200 g Schweinemett
- Salz, weißer Pfeffer
- 8 kleine Schweineschnitzel (à ca. 75 g)
- 2 TL klare Brühe (Instant)
- 300 g Tomaten
- Holzspießchen

1 Champignons putzen, waschen und fein hacken. Knoblauch schälen und durch die Knoblauchpresse drücken. Chilischote waschen, entkernen und in Ringe schneiden. 1 EL Öl erhitzen. Pilze, Knoblauch und Chili zufügen und ca. 10 Minuten dünsten.

2 Petersilie waschen, trockenschütteln und fein hacken. Käse reiben und mit dem Mett unter die Pilze mischen. Die Füllung mit Salz und Pfeffer würzen.

3 Schnitzel trockentupfen und etwas flach klopfen. Die Füllung darauf verteilen, aufrollen und mit Holzspießchen feststecken. 2 EL Öl erhitzen. Röllchen darin rundherum anbraten. Mit ¼ l Wasser ablöschen, Brühe einrühren. Ca. 10 Minuten schmoren.

4 Tomaten putzen, waschen und fein würfeln. Zu den Röllchen geben und alles weitere 15 Minuten köcheln. Mit Salz und Pfeffer abschmecken. Mit Petersilie bestreuen. Dazu schmecken Broccoli mit Pinienkernen und italienisches Brot.
Getränk: trockener Rotwein, z. B. Sangiovese/Emilia Romagna.

Zubereitungszeit ca. 1 Std.
Portion ca. 440 kcal / 1840 kJ
E 50 g, F 24 g, KH 3 g

Kalbsleber „alla veneziana“

Zutaten für 4 Personen:

- **6 mittelgroße Zwiebeln**
- **5 EL Olivenöl**
- **½ l Milch**
- **Salz, weißer Pfeffer**
- **150 g Polenta (Maisgrieß)**
- **500 g Kalbsleber**
- **2 EL (30 g) Butter**
- **½ TL klare Brühe (Instant)**
- **3–4 Stiele Petersilie**

1 Zwiebeln schälen. 1 hacken und in 1 EL heißem Öl glasig dünsten. Mit ½ l Wasser und Milch ablöschen. Aufkochen, salzen. Polenta einstreuen und bei schwacher Hitze unter Rühren 5 Minuten köcheln. Vom Herd ziehen und zugedeckt ausquellen lassen.

2 Leber waschen, abtupfen und in Scheibchen schneiden. 5 Zwiebeln in feine Ringe schneiden. 4 EL Öl und Butter in einer großen Pfanne erhitzen. Die Zwiebeln bei schwacher Hitze unter Wenden ca. 10 Minuten goldgelb dünsten. Herausnehmen.

3 Leber im Bratfett unter Wenden 2–3 Minuten braten, würzen. Mit ⅛ l Wasser ablöschen, aufkochen. Brühe einrühren. Weitere 2–3 Minuten offen einkochen lassen.

4 Zwiebeln zugeben und wieder erhitzen. Mit Salz und Pfeffer abschmecken. Petersilie waschen, hacken und darüber streuen. Mit der Polenta anrichten.
Getränk: trockener Rotwein, z. B. Bardolino Classico/Venetien.

Zubereitungszeit ca. 45 Min.
Portion ca. 570 kcal / 2390 kJ
E 33 g, F 30 g, KH 38 g

Florentiner Schweinebraten

Zutaten für 6 Personen:

- 4 Knoblauchzehen
- 3 Stiele Rosmarin
- 3 EL Olivenöl
- 1,2 kg ausgelöstes Schweinekotelett (im Stück)
- Salz, weißer Pfeffer
- Öl für die Fettpfanne
- 1 kg Tomaten
- 3 Dosen (à 425 ml) weiße Bohnenkerne
- 1 Bund/Töpfchen Salbei
- 1 TL Zitronensaft, Küchengarn

1 Knoblauch schälen und Rosmarin waschen. 3 Knoblauchzehen und 1 Stiel Rosmarin fein hacken. Mit 1 EL Olivenöl verrühren.

2 Fleisch waschen, trockentupfen. Unten der Länge nach 3 cm tief einschneiden. Mit Kräuterpaste füllen. Rest Rosmarin darauf legen. Mit Küchengarn umwickeln. Mit Salz und Pfeffer einreiben.

3 Braten auf geölter Fettpfanne im vorgeheizten Ofen (E-Herd: 200 °C/ Umluft: 175 °C/Gas: Sufe 3) ca. 40 Minuten braten. Dann bei 175 °C (Umluft: 150 °C/Gas: Stufe 2) noch ca. 45 Minuten weitergaren.

4 1 Knoblauchzehe hacken. Tomaten waschen und würfeln. Bohnen abtropfen lassen. Salbei waschen, Blätter abzupfen. Knoblauch in 2 EL Öl andünsten. Tomaten, Bohnen und Salbei zugeben, 20 Minuten dünsten. Würzig abschmecken. Alles anrichten.
Getränk: trockener Rotwein, z. B. Chianti Classico/Toskana.

Zubereitungszeit ca. 1¾ Std.
Portion ca. 510 kcal / 2140 kJ
E 39 g, F 35 g, KH 6 g

Rinderbraten in Barolo

Zutaten für 4 Personen:

- **1 kg Rinderbraten (z. B. aus der Keule)**
- **Salz, weißer Pfeffer**
- **½ TL getrocknetes Basilikum**
- **½ TL getrockneter Thymian**
- **2 EL (20 g) Butterschmalz**
- **1 Lorbeerblatt**
- **¼ l trockener Rotwein (z. B. Barolo oder Barbera d'Asti)**
- **je 1 mittelgroße grüne, rote und gelbe Paprikaschote**
- **200 g kleine Zwiebeln**
- **2 Knoblauchzehen**
- **1 Dose (425 ml) Tomaten**
- **150 g saure Sahne**
- **1 TL Speisestärke**
- **1 EL Tomatenmark**
- **Edelsüß-Paprika**
- **evtl. Basilikum und Thymian zum Garnieren**

1 Fleisch waschen und trockentupfen. Mit Salz, Pfeffer, Basilikum und Thymian einreiben. Butterschmalz in einem Bräter erhitzen. Fleisch darin rundherum kräftig anbraten. Lorbeerblatt dazugeben. Mit Wein und ¼ –½ l Wasser ablöschen. Zugedeckt 2 Stunden schmoren.

2 Paprika putzen, waschen und in breite Streifen schneiden. Zwiebeln und Knoblauch schälen. Zwiebeln in Spalten schneiden, Knoblauch hacken.

3 Paprika, Zwiebeln und Knoblauch 20 Minuten vor Ende der Garzeit zum Fleisch geben. Nach weiteren 10 Minuten Tomaten mit Saft zufügen.

4 Fleisch herausheben, warm stellen. Saure Sahne und Speisestärke verrühren. Mit Tomatenmark in den Bratenfond rühren. Aufkochen und mit Salz, Pfeffer und Paprika abschmecken.

5 Fleisch in Scheiben schneiden und mit dem Gemüse und der Soße anrichten. Nach Belieben mit Basilikum und Thymian garnieren. Dazu passt Reis.
Getränk: trockener Rotwein, z. B. Barolo oder Barbera d'Asti/Piemont.

Zubereitungszeit ca. 2½ Std.
Portion ca. 760 kcal / 3190 kJ
E 55 g, F 45 g, KH 11 g

Kalbsragout mit Blattspinat

Zutaten für 4 Personen:

- 750 g–1 kg Kalbfleisch (aus der Keule)
- 2 EL Öl
- Salz, weißer Pfeffer
- 1 EL (20 g) Mehl
- 1 EL klare Brühe (Instant)
- 1 kg Spinat
- 2 mittelgroße Zwiebeln
- 2 EL Pinienkerne
- 1 EL (10 g) Butter
- 150 g stichfeste saure Sahne
- ca. 2 EL Zitronensaft
- 20 g Parmesan-Käse (im Stück)
- evtl. Zitrone zum Garnieren

1 Fleisch waschen, trockentupfen und würfeln. Öl erhitzen. Fleisch darin ca. 5 Minuten anbraten. Mit Salz und Pfeffer würzen. Mit Mehl bestäuben. Mit ¾ l Wasser ablöschen, aufkochen und Brühe einrühren. Zugedeckt ca. 25 Minuten schmoren.

2 Inzwischen Spinat putzen, gründlich waschen, verlesen und abtropfen lassen. Zwiebeln schälen, fein würfeln. Pinienkerne in einer Pfanne ohne Fett goldbraun rösten.

3 Butter erhitzen, Zwiebeln darin andünsten. Spinat zufügen und zusammenfallen lassen. Mit Salz und Pfeffer würzen.

4 Sahne ins Ragout rühren. Mit Salz, Pfeffer und Zitronensaft würzig abschmecken. Mit Spinat anrichten, Käse darüber hobeln. Mit Pinienkernen bestreuen und garnieren. Dazu schmeckt Reis.
Getränk: kühler Weißwein, z. B. Frascati Superiore/Latium.

Zubereitungszeit ca. 45 Min.
Portion ca. 430 kcal / 1800 kJ
E 50 g, F 21 g, KH 7 g

Schnitzel „alla caprese"

Zutaten für 4 Personen:

- **800 g Kartoffeln**
- **30 g + 20 g Butter**
- **2 TL getrockneter Rosmarin**
- **750 g Tomaten**
- **1 Zwiebel**
- **125 g Mozzarella-Käse**
- **200 ml klare Brühe**
- **Salz, schwarzer Pfeffer**
- **1 Bund/Töpfchen Basilikum**
- **4 dünne Kalbsschnitzel (à ca. 100 g)**
- **2–3 EL Öl**

1 Kartoffeln schälen, waschen, vierteln. In 30 g Fett mit Rosmarin 20 Minuten braten. Tomaten waschen. 2 Tomaten in Scheiben schneiden. Rest fein würfeln. Zwiebel schälen und würfeln. Mozzarella-Käse in Scheiben schneiden.

2 20 g Fett erhitzen. Zwiebel andünsten. Tomatenwürfel und Brühe zufügen. Ca. 10 Minuten dünsten, dann würzen. Basilikum waschen und hacken. In die Soße rühren.

3 Schnitzel halbieren, trockentupfen. Im heißen Öl pro Seite ca. 1 Minute braten. Mit Tomaten- und Mozzarellascheiben in eine feuerfeste Form schichten. Alles 3 Minuten unter dem Grill überbacken. Mit Tomatensoße und den Rosmarin-Kartoffeln anrichten. Dazu passt gedünsteter Broccoli. **Getränk:** trockener Weißwein, z. B. Falerno Bianco/Kampanien.

Zubereitungszeit ca. 1 Std.
Portion ca. 560 kcal / 2350 kJ
E 34 g, F 27 g, KH 42 g

Involtini mit Pancetta

Zutaten für 4 Personen:

- **3–4 Stiele Salbei**
- **4 Kalbsschnitzel (à ca. 150 g; ersatzw. Schweineschnitzel)**
- **8 dünne Scheiben durchwachsener Speck (z. B. Pancetta)**
- **2 Schalotten oder 1 kleine Zwiebel**
- **2–3 EL Öl (z. B. Olivenöl)**
- **200 g Risotto-Reis (z. B. Arborio)**
- **1 Lorbeerblatt**
- **7–8 EL + $\frac{1}{8}$ l Weißwein**
- **$\frac{1}{2}$ l Hühnerbrühe (Instant)**
- **Salz, schwarzer Pfeffer**
- **2–3 EL Mehl**
- **50 g Grana-Padano-Käse (im Stück)**
- **1 Tomate, Holzspießchen**

1 Salbei waschen. Blättchen, bis auf einige zum Garnieren, abzupfen. Schnitzel trockentupfen. Flach klopfen und quer halbieren. Mit je 1 Scheibe Speck und 1–2 Salbeiblättchen belegen. Aufrollen und mit Holzspießchen feststecken.

2 Schalotten schälen, fein würfeln. 1 EL Öl in einem Topf erhitzen. Schalotten darin glasig dünsten. Reis kurz mit andünsten. Lorbeer zufügen. 7–8 EL Wein und Brühe mischen. Nach und nach zugießen, aufkochen. Im offenen Topf bei schwacher Hitze ca. 30 Minuten quellen lassen, bis der Reis die Flüssigkeit aufgesogen hat.

3 Röllchen würzen, im Mehl wenden, etwas abklopfen. In einem Schmortopf in 1–2 EL heißem Öl rundum 5–8 Minuten braun braten. Mit $\frac{1}{8}$ l Wein ablöschen, aufkochen und zugedeckt ca. 10 Minuten schmoren.

4 Käse fein reiben. Tomate waschen, vierteln, entkernen und fein würfeln. Beides unter den Risotto rühren. Abschmecken. Röllchen mit Bratenfond anrichten. Mit Rest Salbei garnieren. Den Risotto dazureichen.
Getränk: kühler Weißwein, z. B. Lugana/Lombardei.

Zubereitungszeit ca. 50 Min.
Portion ca. 570 kcal / 2390 kJ
E 44 g, F 20 g, KH 40 g

Kalbsschnitzel In Marsalasoße mit „Peperonata"

Zutaten für 4 Personen:

- **500 g reife Tomaten**
- **3–4 Paprikaschoten (z. B. rot, gelb und grün)**
- **2 mittelgroße Zwiebeln**
- **2 Knoblauchzehen**
- **1–2 Zweige Rosmarin**
- **2–3 EL Olivenöl**
- **4 EL Weißwein-Essig**
- **Salz, Cayennepfeffer, Pfeffer**
- **4 große Kalbsschnitzel (ca. 500 g)**
- **2–3 EL Öl**
- **150 ml trockener Marsala**
- **40 g kalte Butter**

1 Tomaten überbrühen, häuten, vierteln und entkernen. Paprika putzen, waschen. Beides grob schneiden. Zwiebeln und Knoblauch schälen und klein schneiden. Rosmarin waschen.

2 Olivenöl in einem weiten Topf erhitzen. Die Zwiebeln darin glasig dünsten. Knoblauch und Paprika mitdünsten. Tomaten und Rosmarin zufügen. Mit Essig, Salz und Cayennepfeffer würzen. Alles zugedeckt ca. 20 Minuten schmoren.

3 Schnitzel abtupfen, halbieren oder vierteln und flacher klopfen. Im heißen Öl portionsweise pro Seite ca. 1 Minute kräftig braten, würzen. Auf einer vorgewärmten Platte anrichten.

4 Den Bratensatz mit Marsala ablöschen und loskochen. Kalte Butter in Stückchen nach und nach unter die Soße schlagen. Mit Salz und Pfeffer abschmecken und über die Schnitzel gießen. Peperonata abschmecken. Alles anrichten. Dazu passt Ciabatta (italienisches Weißbrot). **Getränk:** trockener Weißwein, z. B. Corvo Bianco/Sizilien.

Zubereitungszeit ca. 50 Min.
Portion ca. 390 kcal / 1630 kJ
E 29 g, F 21 g, KH 9 g

Geflügel & Wild

Mamma mia – wie das duftet! Frische Kräuter, aromatische Gewürze und Knoblauch sind das A & O dieser Leckerbissen. Dazu ein guter Tropfen – und jedes Genießerherz schlägt einen Takt schneller

nach Gusto

Putenbrust mit Gorgonzola-Creme

Zutaten für 4 Personen:

- 200 g Gorgonzola-Käse
- 150 g Mascarpone (Ital. Frischkäse)
- einige Stiele Majoran und Thymian
- 1 Scheibe altbackenes Weißbrot
- Salz, weißer Pfeffer
- 1,3 kg Putenbrust, 2 Zwiebeln
- Fett für die Fettpfanne
- 1 l Gemüsebrühe, 750 g Kartoffeln
- 500 g grüne Bohnen
- 50 g getrocknete Tomaten in Öl
- ca. 2 EL Mehl
- Petersilie u. Thymian z. Garnieren
- Holzspießchen, Küchengarn

1 Gorgonzola würfeln und mit Mascarpone glatt rühren. Kräuter waschen, hacken. Brot zu Bröseln zerkleinern. Mit den Kräutern unter den Käse rühren. Mit Salz und Pfeffer würzen.

2 Putenbrust waschen, trockentupfen und der Länge nach eine Tasche einschneiden. Mit Salz und Pfeffer einreiben. Käsecreme einfüllen, mit Holzspießchen zustecken, mit Küchengarn zubinden.

3 Zwiebeln schälen und achteln. Fleisch und Zwiebeln auf die gefettete Fettpfanne geben. Im heißen Backofen (E-Herd: 175 °C/ Umluft: 150 °C/Gas: Stufe 2) ca. 1 ½ Stunden braten. Nach ca. 20 Minuten mit 300 ml Brühe ablöschen.

4 Kartoffeln schälen, waschen, ca. 20 Minuten in Salzwasser garen. Bohnen putzen, waschen und in kochendem Salzwasser ca. 15 Minuten garen. Getrocknete Tomaten klein schneiden. Braten ab und zu mit restlicher Brühe ablöschen und mit Bratenfond begießen.

5 Braten von der Fettpfanne nehmen, etwas ruhen lassen. Mehl in 3 EL Wasser anrühren. Bratenfond durch ein Sieb gießen, aufkochen, mit angerührtem Mehl binden. Getrocknete Tomaten unterrühren, mit Salz und Pfeffer abschmecken. Braten, Gemüse und Soße anrichten und garnieren.
Getränk: trockener Weißwein, z. B. Gavi di Gavi/Piemont.

Zubereitungszeit ca. 2 Std.
Portion ca. 640 kcal / 2680 kJ
E 92 g, F 2 g, KH 18 g

Hähnchenbrust mit Erbsen

Zutaten für 4 Personen:

- 600 g Hähnchenfilet
- Salz, weißer Pfeffer
- 2 EL Olivenöl
- 2 kleine Zwiebeln
- 1 kleiner Zweig Rosmarin
- 50 g luftgetrockneter Schinken
- 1 EL Butter/Margarine
- 450 g frisch enthülste od. TK-Erbsen
- 200 g Schlagsahne
- 1 TL Speisestärke
- Saft von 1 Zitrone
- 1 Prise Zucker
- evtl. unbeh. Zitrone und Rosmarin

1 Filets waschen und trockentupfen. Mit Salz und Pfeffer würzen. Öl in einer Pfanne erhitzen. Filets darin von jeder Seite 5–6 Minuten braten.

2 Inzwischen Zwiebeln schälen und in Spalten schneiden. Rosmarin waschen und die Nadeln abzupfen. Schinken würfeln.

3 Fett erhitzen. Zwiebelspalten darin goldbraun anbraten. Rosmarin, Schinkenwürfel und Erbsen zufügen und alles ca. 5 Minuten braten. Mit Salz und Pfeffer würzen.

4 Hähnchenfilets warm stellen. Sahne mit Speisestärke verrühren. Bratensatz mit Sahne und Zitronensaft ablöschen und 3–4 Minuten dicklich einkochen lassen. Mit Salz, Pfeffer und Zucker abschmecken.

5 Hähnchenfilets auf den Erbsen anrichten. Soße darüber verteilen. Evtl. mit Zitronenscheiben und Rosmarin garnieren. Dazu passt Reis.
Getränk: trockener Weißwein, z. B. Pinot Grigio Oltrepò Pavese/ Lombardei.

Zubereitungszeit ca. 45 Min.
Portion ca. 560 kcal / 2350 kJ
E 37 g, F 35 g, KH 19 g

Putenschnitzel „alla pizzaiola“

Zutaten für 4 Personen:

- **2 mittelgroße Zwiebeln**
- **1 Knoblauchzehe**
- **½ Bund/Töpfchen frischer oder ca. 1 TL getrockneter Thymian**
- **4 Putenschnitzel (à ca. 150 g)**
- **2 EL Olivenöl**
- **Salz, schwarzer Pfeffer**
- **1 Packung (500 g) stückige Tomaten**
- **1–2 TL Kapern (Glas)**
- **50 g schwarze Oliven**
- **einige Spritzer Zitronensaft**
- **evtl. unbeh. Zitronenscheiben und Kräuter zum Garnieren**

1 Zwiebeln und Knoblauch schälen. Zwiebeln in feine Spalten schneiden. Knoblauch hacken. Thymian waschen und trockenschütteln. Blättchen abzupfen und fein hacken.

2 Fleisch waschen, trockentupfen. Im heißen Öl von jeder Seite 4–5 Minuten braten. Mit Salz und Pfeffer würzen und warm stellen.

3 Zwiebeln und Knoblauch im Bratfett andünsten. Mit den stückigen Tomaten ablöschen. Kapern, Oliven und Thymian zugeben. Alles aufkochen und ca. 5 Minuten köcheln lassen. Soße mit Salz, Pfeffer und Zitronensaft abschmecken.

4 Schnitzel und Soße anrichten. Evtl. mit Zitronenscheiben und Kräutern garnieren. Dazu schmecken italienisches Weißbrot oder Bandnudeln.

Getränk: trockener Roséwein, z. B. Vesuvio Rosato/Kampanien.

Zubereitungszeit ca. 25 Min.
Portion ca. 250 kcal / 1050 kJ
E 37 g, F 9 g, KH 4 g

EXTRA-TIPP

Kapern sind die Blütenknospen des am Mittelmeer wachsenden Kapernstrauches. Ihr Aroma wird durch Einlegen in Salz, Salzlake oder Essig unterstrichen. Als Qualitätsmerkmal gilt: je kleiner, desto feiner. Am begehrtesten sind die nur 3 mm großen, runden und festen „Nonpareilles“. Es folgen u. a. „Surfines“ und „Capucines“.

Putenröllchen auf Blattspinat

Zutaten für 4 Personen:

- 25 g Parmesan-Käse (im Stück)
- 8 dünne Putenschnitzel (à ca. 100 g)
- 8 dünne Scheiben (à ca. 10 g) Parmaschinken
- weißer Pfeffer
- 2 EL Olivenöl
- ¼ l trockener Weißwein
- 1 TL Hühnerbrühe (Instant)
- 1 kg Blattspinat
- 1 Zwiebel
- 2 Knoblauchzehen
- 1 EL (20 g) Butter/Margarine
- 200 g Schlagsahne
- Salz
- 1 Prise Zucker
- geriebene Muskatnuss
- Holzspießchen

1 Käse reiben. Schnitzel waschen, trockentupfen und evtl. etwas flacher klopfen. Mit je einer Scheibe Schinken belegen, mit etwas Käse und Pfeffer bestreuen. Schnitzel aufrollen und feststecken.

2 Putenröllchen im heißen Öl rundherum kräftig anbraten. Mit Wein und 300 ml Wasser ablöschen und aufkochen. Brühe einrühren. Alles zugedeckt ca. 15 Minuten schmoren.

3 Spinat verlesen, gründlich waschen, abtropfen lassen. Zwiebel und Knoblauch schälen, fein würfeln. Im heißen Fett glasig dünsten. Spinat darin zugedeckt 5–8 Minuten dünsten.

4 Sahne zu den Röllchen gießen und ca. 10 Minuten offen köcheln. Röllchen herausnehmen und warm stellen. Soße 3–4 Minuten einkochen lassen und mit Salz, Pfeffer und Zucker abschmecken. Spinat mit Salz, Pfeffer und Muskat würzen. Alles anrichten, mit Rest Parmesan bestreuen. Dazu passt italienisches Brot.
Getränk: trockener Weißwein, z. B. Pinot Grigio/Venetien.

Zubereitungszeit ca. 1 Std.
Portion ca. 630 kcal / 2640 kJ
E 60 g, F 36 g, KH 4 g

Brathähnchen im Gemüsebett

Zutaten für 3–4 Personen:

- 1 bratfertiges Hähnchen (ca. 1,3 kg)
- Salz
- weißer Pfeffer
- Edelsüß-Paprika
- 2 rote Paprikaschoten
- 2 Zucchini (ca. 400 g)
- 500–750 g Kartoffeln
- 3 mittelgroße Zwiebeln
- 1 TL Gemüsebrühe (Instant)
- 1–2 Zweige Rosmarin
- 2 Lorbeerblätter

1 Hähnchen waschen und trockentupfen. Innen und außen mit Salz, Pfeffer und Paprika würzen.

2 Hähnchen in einen Bräter oder auf die Fettpfanne des Backofens legen. Im heißen Backofen (E-Herd: 200 °C/Umluft: 175 °C/Gas: Stufe 3) 1–1 ¼ Stunden goldbraun braten.

3 Inzwischen Paprika und Zucchini putzen und waschen. Paprika in Stücke, Zucchini in dicke Scheiben schneiden. Kartoffeln schälen, waschen und vierteln. Zwiebeln schälen und in Spalten schneiden.

4 Brühe in ¼ l heißem Wasser auflösen. Rosmarin waschen, Nadeln abstreifen. Gemüse, Kartoffeln, Zwiebeln, Gemüsebrühe und Kräuter ca. 40 Minuten vor Ende der Garzeit zum Hähnchen geben und mitgaren, mit Salz und Pfeffer würzen. Während des Garens öfter wenden.
Getränk: trockener Roséwein, z. B. Bolgheri Rosato/Toskana.

Zubereitungszeit ca. 1 ½ Std.
Portion ca. 690 kcal / 2890 kJ
E 70 g, F 32 g, KH 26 g

Putenrollbraten „alla parmigiana"

Zutaten für 4 Personen:

- **800 g–1 kg Putenbrust (zu einer großen Scheibe aufschneiden lassen)**
- **1 Bund/Töpfchen Basilikum**
- **½ Bund/Töpfchen Thymian**
- **30 g Parmesan-Käse (im Stück)**
- **125 g Parmaschinken in Scheiben**
- **1–2 EL Öl, 1 große Gemüsezwiebel**
- **⅜ l Gemüsebrühe, 200 g Bandnudeln**
- **Salz, Pfeffer, 300 g Zucchini**
- **400 g Tomaten, 1 Knoblauchzehe**
- **2–3 EL Butter/Margarine**
- **75 g Schlagsahne, 2 TL Speisestärke**
- **Kräuter z. Garnieren; Küchengarn**

1 Fleisch waschen, trockentupfen. Kräuter waschen, hacken. Käse reiben. Fleisch mit Schinken, Kräutern und Käse belegen. Aufrollen und mit Küchengarn umwickeln. Auf eine geölte Fettpfanne legen. Im heißen Ofen (E-Herd: 200 °C/ Umluft: 175 °C/ Gas: Stufe 3) ca. 50 Minuten garen.

2 Gemüsezwiebel schälen, grob würfeln, nach ca. 20 Minuten mit auf die Fettpfanne geben. Nach weiteren 10 Minuten mit Brühe ablöschen. Nudeln in kochendem Salzwasser ca. 8 Minuten garen, abtropfen lassen.

3 Zucchini waschen, in dünne Scheiben schneiden. Tomaten waschen, vierteln, entkernen und in Spalten schneiden. Knoblauch schälen, durchpressen. Kurz vor dem Servieren Fett schmelzen. Knoblauch und Zucchini darin ca. 5 Minuten dünsten. Tomaten und Nudeln zufügen, darin schwenken. Mit Salz und Pfeffer würzen.

4 Braten von der Fettpfanne nehmen. Bratensatz mit 100 ml Wasser lösen, in einen Topf geben. Zwiebeln im Bratenfond pürieren. Sahne und Speisestärke verrühren, einrühren und aufkochen. Mit Salz und Pfeffer abschmecken. Braten mit Nudelgemüse und Soße anrichten. Mit frischen Kräutern garnieren.
Getränk: trockener Weißwein, z. B. Torgiano Bianco/Umbrien.

Zubereitungszeit ca. 1½ Std.
Portion ca. 710 kcal / 2980 kJ
E 72 g, F 24 g, KH 47 g

Hähnchenkeulen auf weißen Bohnen

Zutaten für 4 Personen:

- **4 Hähnchenkeulen (à ca. 200 g)**
- **Salz, Fett fürs Blech**
- **6 Schalotten oder kleine Zwiebeln**
- **2–3 Knoblauchzehen + 1 Knoblauchknolle**
- **1–2 Stiele Rosmarin**
- **600 g Flaschentomaten**
- **¼ Bund/Töpfchen Basilikum**
- **1 Dose (425 ml) große italienische Bohnenkerne**
- **2–3 EL Olivenöl**
- **125 ml Weißwein**
- **125 ml Tomatensaft**
- **grober weißer Pfeffer**
- **Zucker, Edelsüß-Paprika**
- **evtl. Basilikum zum Garnieren**

1 Hähnchenkeulen waschen, mit Küchenpapier trockentupfen und mit Salz einreiben. Auf einem gefetteten Backblech im vorgeheizten Backofen (E-Herd: 200 °C/Umluft: 175 °C/ Gas: Stufe 3) ca. 40 Minuten braten.

2 Schalotten schälen und halbieren. Knoblauchzehen schälen, hacken. Knoblauchknolle halbieren. Rosmarin waschen, trockenschütteln, Nadeln von den Stielen streifen. Tomaten waschen, in Spalten schneiden. Basilikum waschen, Blättchen von den Stielen zupfen und fein schneiden.

3 Bohnen in ein Sieb gießen, mit kaltem Wasser abspülen und abtropfen lassen. Olivenöl in einem Schmortopf erhitzen. Schalotten darin anbraten. Gesamten Knoblauch, Kräuter und Tomaten zufügen, kurz mit anbraten. Mit Wein und Tomatensaft ablöschen, bei mittlerer Hitze ca. 8 Minuten köcheln. 2 Minuten vor Ende der Garzeit die Bohnen zufügen. Mit Salz, Pfeffer, Zucker und Paprika abschmecken. Hähnchenkeulen und Gemüse anrichten, evtl. mit Basilikum garnieren.
Getränk: kühler Weißwein, z. B. Trebbiano d'Abruzzo/Abruzzen.

Zubereitungszeit ca. 50 Min.
Portion ca. 430 kcal / 1800 kJ
E 33 g, F 23 g, KH 17 g

Putentopf mit grünen Bohnen

Zutaten für 4 Personen:

- 375 g Schneidebohnen
- 375 g grüne Bohnen
- 300 g Tomaten
- 100 g Zwiebeln
- 2 Knoblauchzehen
- 750 g Kartoffeln
- 600 g Putenbrust
- ca. 3 EL Olivenöl
- Salz, grober weißer Pfeffer
- 5 TL Hühnerbrühe (Instant)
- ½ Bund/Töpfchen Thymian
- 1–2 Zweige Rosmarin
- ½ unbehandelte Zitrone
- evtl. 2 unbeh. Zitronenscheiben zum Garnieren

1 Bohnen putzen, waschen und in schräge Stücke schneiden. Tomaten waschen und klein schneiden. Zwiebeln und Knoblauch schälen. Zwiebeln grob würfeln, Knoblauch durch eine Knoblauchpresse drücken. Kartoffeln schälen, waschen, würfeln.

2 Putenbrust waschen, trockentupfen und in große Würfel schneiden. Öl in einem Schmortopf oder Bräter erhitzen. Fleisch darin kurz und kräftig anbraten. Zum Schluss Zwiebeln und Knoblauch zufügen, kurz mitbraten. Mit Salz und Pfeffer würzen.

3 Bohnen, Kartoffeln und Tomaten zufügen. 1 ¼ l heißes Wasser angießen, Brühe einrühren und alles aufkochen. Thymian und Rosmarin waschen, trockenschütteln und, bis auf etwas zum Garnieren, hacken. Kräuter mit in den Topf geben und alles zugedeckt bei mittlerer Hitze ca. 20 Minuten köcheln lassen.

4 Zitrone waschen, trockentupfen und die Schale fein abreiben. Zitrone auspressen. Zitronenschale unter den fertigen Bohnentopf rühren. Nochmals kurz aufkochen. Mit Salz, Pfeffer und ca. 2 EL Zitronensaft würzig abschmecken. Mit restlichen Kräutern und Zitronenscheiben garnieren.
Getränk: kühler Roséwein, z. B. Bardolino Chiaretto/Venetien.

Zubereitungszeit ca. 1 ¼ Std.
Portion ca. 420 kcal / 1760 kJ
E 45 g, F 10 g, KH 35 g

Knoblauch-Hähnchen mit Salbei

Zutaten für 4–6 Personen:

- **4 Hähnchenkeulen**
- **2 Hähnchenbrüste (mit Knochen)**
- **1 Bund (ca. 500 g) kleine Möhren**
- **800 g–1 kg kleine Kartoffeln**
- **3 Knoblauchzehen**
- **1 unbehandelte Zitrone**
- **3 EL Olivenöl**
- **Salz**
- **getrockneter, zerstoßener Chili**
- **½ Bund/Töpfchen Salbei**
- **⅜ l Hühnerbrühe**
- **2 TL Speisestärke**

1 Alle Hähnchenteile waschen, trockentupfen und halbieren. Möhren so putzen, dass etwas Grün stehen bleibt, schälen und waschen. Kartoffeln schälen und waschen. Knoblauch schälen und halbieren. Zitrone heiß waschen, in Stücke schneiden.

2 Vorbereitete Zutaten auf eine mit Olivenöl bestrichene Fettpfanne verteilen. Mit Salz und Chili würzen. Im vorgeheizten Backofen (E-Herd: 200 °C/Umluft: 175 °C/Gas: Stufe 3) zunächst ca. 25 Minuten garen.

3 Inzwischen Salbei waschen, Blätter abzupfen. Brühe über alle Zutaten gießen und mit Salbei bestreuen. Ca. 20 Minuten zu Ende garen.

4 Hähnchenteile, Gemüse etc. herausnehmen. Bratenfond in einen Topf gießen, aufkochen. Stärke und 1 EL kaltes Wasser glatt rühren und den Fond damit binden. Nochmals aufkochen und abschmecken. Auf einer großen Platte anrichten.
Getränk: trockener Weißwein, z. B. Bianco d'Alcamo/Sizilien.

Zubereitungszeit ca. 1 ¼ Std.
Portion ca. 450 kcal / 1890 kJ
E 40 g, F 22 g, KH 20 g

Kaninchen mit Schneidebohnen

Zutaten für 4 Personen:

- **1 küchenfertiges Kaninchen (1,2–1,5 kg)**
- **3–4 Zwiebeln (ca. 200 g)**
- **3–4 Knoblauchzehen**
- **1–2 Stiele Salbei**
- **2 EL Olivenöl**
- **Salz, weißer Pfeffer**
- **¼ l trockener Weiß- oder Roséwein**
- **1–2 TL Gemüsebrühe (Instant)**
- **600–700 g Schneidebohnen**

1 Kaninchen in 12–16 Teile zerlegen, waschen und trockentupfen. Zwiebeln und Knoblauch schälen. Zwiebeln grob würfeln, Knoblauch in Scheiben schneiden. Salbei waschen, Blättchen abzupfen. Etwas zum Garnieren beiseite legen, den Rest in feine Streifen schneiden.

2 Öl im Bräter erhitzen. Kaninchenteile darin portionsweise unter Wenden kräftig anbraten. Mit Salz und Pfeffer würzen. Zum Schluss Zwiebeln und Knoblauch zufügen und kurz mit anbraten. Mit Wein und ⅜ l Wasser ablöschen, aufkochen. Brühe einrühren. Salbei zugeben und zugedeckt 45–50 Minuten schmoren.

3 Bohnen putzen, waschen und in schräge Stücke schneiden. Nach ca. 25 Minuten zum Kaninchen geben und zugedeckt weitergaren. Zwischendurch wenden. Alles abschmecken und mit übrigem Salbei garnieren. Dazu passen Röstkartoffeln oder italienisches Weißbrot. **Getränk**: trockener Roséwein, z. B. Rosato di Toscana/Toskana.

Zubereitungszeit ca. 1½ Std.
Portion ca. 470 kcal / 1970 kJ
E 50 g, F 23 g, KH 10 g

Hasenragout mit Pappardelle

Zutaten für 4 Personen:

- **750–850 g Hasenteile (z. B. Rücken, Keule oder Läufe)**
- **½ l kräftiger Rotwein**
- **1–2 Stangen Staudensellerie**
- **1 Möhre, 2 Zwiebeln**
- **2–3 Knoblauchzehen**
- **evtl. 1 TL Fenchelsamen**
- **1 Lorbeerblatt**
- **2 Gewürznelken**
- **6 Pfefferkörner**
- **2–3 Stiele Thymian**
- **1 Bund Petersilie (z. B. glatte)**
- **Salz, schwarzer Pfeffer**
- **5 EL Olivenöl**
- **400 g reife Tomaten**
- **2 EL Tomatenmark**
- **400 g Pappardelle (breite Bandnudeln)**

1 Fleisch waschen, abtupfen, kleiner schneiden, in eine Schüssel legen. Mit Wein bedecken. Sellerie putzen und Möhre schälen, beides waschen. Zwiebeln und Knoblauch schälen. Alles klein schneiden. Mit Gewürzen zum Fleisch geben. Zugedeckt ca. 24 Stunden im Kühlschrank ziehen lassen. Fleisch dabei öfter wenden.

2 Fleisch und das Gemüse mit einer Schaumkelle aus der Schüssel heben und den Weinsud durchsieben. Kräuter waschen, trockenschütteln und fein hacken.

3 Fleisch mit Küchenpapier abtupfen, mit Salz und Pfeffer würzen. Im heißen Öl portionsweise anbraten. Das Gemüse mit andünsten. Sud und Thymian zugeben. Alles zugedeckt ca. 2 Stunden schmoren.

4 Tomaten überbrühen, häuten, entkernen und klein schneiden. Fleisch herausheben und vom Knochen lösen, ebenfalls klein schneiden. Soße pürieren. Tomaten, Tomatenmark, gehackte Petersilie und Fleisch unterrühren. Bei schwacher Hitze ca. 15 Minuten weiterköcheln.

5 Nudeln in Salzwasser 8–10 Minuten garen, abgießen. Das Ragout abschmecken und alles anrichten.
Getränk: kräftiger Rotwein, z. B. Rosso di Montalcino/Toskana.

Zubereitungszeit ca. 3 Std.
Wartezeit ca. 24 Std.
Portion ca. 820 kcal / 3440 kJ
E 55 g, F 20 g, KH 79 g

Würziges Wildgulasch

Zutaten für 4 Personen:

- 500 g Möhren
- 2 Zwiebeln
- 1–2 Knoblauchzehen
- 1 kg Wildgulasch
- 2 EL Olivenöl
- Salz, weißer Pfeffer
- 1 EL getrocknete ital. Kräuter
- 2 Lorbeerblätter
- 3 EL Tomatenmark
- 1 Dose (850 ml) Tomaten
- 150 ml trockener Rotwein (z. B. Barbaresco) oder klare Brühe

1 Möhren, Zwiebeln und Knoblauch schälen. Möhren waschen, in Stücke schneiden. Zwiebeln achteln, Knoblauch würfeln oder hacken.

2 Fleisch evtl. etwas kleiner würfeln und trockentupfen. Öl in einem großen Bräter erhitzen. Fleisch darin portionsweise kräftig anbraten. Mit Salz, Pfeffer und Kräutern würzen. Zwiebeln, Knoblauch, Möhren und Lorbeer zufügen, kurz mit andünsten. Tomatenmark mit anschwitzen. Tomaten mit Saft und Wein zufügen. Tomaten mit dem Bratenwender etwas zerkleinern. Alles aufkochen.

3 Zugedeckt im vorgeheizten Backofen (E-Herd: 200 °C/Umluft: 175 °C/Gas: Stufe 3) oder auf dem Herd 1–1¼ Stunden schmoren. Das Wildragout nochmals mit Salz und Pfeffer abschmecken. Dazu passt Pasta oder italienisches Weißbrot. **Getränk:** trockener Rotwein, z. B. Barbaresco/Piemont.

Zubereitungszeit ca. 1½ Std.
Portion ca. 470 kcal / 1970 kJ
E 33 g, F 20 g, KH 26 g

Geschmortes Kaninchen mit Vermouth

Zutaten für 4 Personen:

- 1 küchenfertiges Kaninchen (ca. 2 kg)
- 3 EL Olivenöl
- Salz, weißer Pfeffer
- 125 g Schalotten od. kleine Zwiebeln
- 1 Bund Lauchzwiebeln
- 200 g Kirschtomaten
- 2 Stiele Rosmarin
- ⅛ l Weißwein
- 1 TL bunte Pfefferkörner
- 2–3 EL Vermouth
- 100 g Schlagsahne
- evtl. frische Kräuter zum Garnieren

1 Das Kaninchen waschen und trockentupfen, dann in 8 Stücke teilen. In einem Bräter im heißen Öl goldbraun anbraten. Mit Salz und Pfeffer würzen.

2 Schalotten schälen. Lauchzwiebeln putzen, waschen und in Stücke schneiden. Tomaten waschen. Rosmarin waschen, Nadeln von den Stielen zupfen. Kaninchen mit Wein und ¼ l Wasser ablöschen. Schalotten, Lauchzwiebeln und Tomaten in den Bräter geben. Pfefferkörner und Vermouth zufügen und zugedeckt im vorgeheizten Backofen (E-Herd: 200 °C/Umluft: 175 °C/Gas: Stufe 3) ca. 50 Minuten garen.

3 Sahne nach ca. 20 Minuten Garzeit zum Kaninchen geben und ohne Deckel zu Ende garen. Salzen und mit frischen Kräutern garnieren. Dazu passt Ciabatta (ital. Weißbrot).
Getränk: trockener Weißwein, z. B. Terlaner/Südtirol.

Zubereitungszeit ca. 1 ¼ Std.
Portion ca. 870 kcal / 3650 kJ
E 81 g, F 44 g, KH 13 g

Crespelle

Schinken-Crespelle „al forno“

Zutaten für 4 Personen:

- 4 Eier
- ⅜ l + ¼ l + ⅛ l Milch
- Salz, weißer Pfeffer
- 200 g + 40 g Mehl
- 2 EL (40 g) + 1 EL Butter/Margarine
- ¼ l klare Brühe
- 150 g Doppelrahm-Frischkäse mit Kräutern
- geriebene Muskatnuss
- 1 Bund Petersilie
- 500 g Champignons, 4 EL Öl
- 6 Scheiben (ca. 200 g) gekochter Schinken
- 75 g Bel-Paese- od. Fontina-Käse

1 Eier, ⅜ l Milch, 1 Prise Salz und 200 g Mehl verrühren. Teig ca. 30 Minuten quellen lassen.

2 2 EL Fett in einem Topf erhitzen, 40 g Mehl darin anschwitzen. Mit ¼ l Milch und Brühe ablöschen. Ca. 5 Minuten köcheln, dabei öfter umrühren. Frischkäse in Flöckchen zur Soße geben, unter Rühren schmelzen. Mit Salz, Pfeffer und Muskat abschmecken. Petersilie waschen, hacken, unterrühren.

3 Champignons putzen, waschen und in Scheiben schneiden. 1 EL Fett in einem Topf erhitzen, Pilze darin andünsten. Mit Salz und Pfeffer abschmecken. Die Hälfte der Soße unterrühren.

4 Öl portionsweise in einer Pfanne erhitzen. Zunächst ca. 1 Kelle Teig hineinfüllen. Pfannkuchen von jeder Seite ca. 2 Minuten goldbraun backen. Aus Rest Teig 5 weitere Pfannkuchen backen.

5 Pfannkuchen mit je 1 Scheibe Schinken belegen. Pilzsoße darauf streichen. Aufrollen, in Scheiben schneiden und in eine Auflaufform legen. Rest Soße mit ⅛ l Milch verrühren, darüber gießen. Käse raspeln, darüber streuen. Im vorgeheizten Backofen (E-Herd: 250 °C/Umluft: 225 °C/Gas: Stufe 4–5) ca. 5 Minuten überbacken.
Getränk: trockener Weißwein, z. B. Bianco Colli Bolognesi/ Emilia Romagna.

Zubereitungszeit ca. 1 ¼ Std.
Portion ca. 910 kcal / 3820 kJ
E 41 g, F 55 g, KH 56 g

& Frittata

Frittata ist ein saftiger, deftiger Eierkuchen, die Crespelle seine zarte Verwandte. Beide sind so lecker und vielseitig, dass man sie gern als Vorspeise und als Hauptgericht serviert

Salbei-Frittata mit Wurst & Schinken

Zutaten für 4–5 Personen:

- 150 g Parmesan-Käse (im Stück)
- 200 g Mozzarella-Käse
- 8 Eier
- 125 g Mascarpone (ital. Frischkäse)
- Salz, schwarzer Pfeffer
- 2–3 Stiele Salbei
- 2 EL Butter/Margarine
- ca. 250 g gemischter italienischer Aufschnitt (z. B. Mortadella, Salami, Parmaschinken)

1 Parmesan reiben. Mozzarella fein würfeln. Eier und Mascarpone verquirlen. Masse mit Salz und Pfeffer würzen. Parmesan, bis auf 1 EL zum Garnieren, und Mozzarella-Käse unter die Ei-Masse heben.

2 Salbei waschen, Blättchen abzupfen. 1 EL Fett erhitzen. Einige Salbeiblätter darin leicht anbraten. Hälfte Ei-Käse-Masse darauf gießen. Bei schwacher Hitze stocken lassen. Auf einen großen Deckel gleiten lassen und wenden. Von der zweiten Seite goldgelb backen.

3 Aus der übrigen Ei-Masse und einigen Salbeiblättern in 1 EL heißem Fett eine 2. Frittata backen. Die Frittata in Stücke schneiden. Mit Wurst, Schinken, restlichem Salbei und Parmesan anrichten.
Getränk: trockener Rotwein, z. B. Bardolino/Gardasee.

Zubereitungszeit ca. 30 Min.
Portion ca. 700 kcal / 2940 kJ
E 40 g, F 56 g, KH 2 g

EXTRA-TIPP

Diese Frittata eignet sich prima als Vorspeise oder auch für ein italienisches Sommer-Buffet. Dann reicht die angegebene Menge für 8 bis 10 Personen.

Lachs-Crespelle auf Spinat

Zutaten für 4 Personen:

- **40 g Butter/Margarine**
- **3 Eier (Gr. M)**
- **40 g Mehl**
- **100 ml Milch**
- **Salz, weißer Pfeffer**
- **500 g Blattspinat**
- **1 Knoblauchzehe**
- **2 EL Olivenöl**
- **60 g Parmesan-Käse (im Stück)**
- **200 g frischer oder Räucherlachs**
- **1 EL Zitronensaft**
- **200 g Schlagsahne**

1 Fett schmelzen. 2 Eier, Mehl, Milch und 1 Prise Salz verrühren. Das flüssige Fett unterrühren. Teig ca. 30 Minuten quellen lassen.

2 Spinat verlesen, waschen. Knoblauch schälen, hacken. Beides in 1 EL heißem Öl dünsten. Würzen, abkühlen lassen. Käse reiben.

3 Übriges Ei trennen. Lachs würfeln. Mit Eiweiß, Zitronensaft und 4 EL Sahne mischen. Würzen, kalt stellen.

4 1 EL Öl erhitzen. Darin aus dem Teig 4 Pfannkuchen backen. Je Hälfte Spinat und Käse darauf geben. Lachsfarce in die Mitte füllen. Pfannkuchen aufrollen, in Scheiben schneiden.

5 Rest Spinat in eine Auflaufform geben. Crespelle darauf legen. Eigelb, Rest Sahne und Käse verrühren, würzen, darüber gießen. Im heißen Ofen (E-Herd: 200 °C/Umluft: 175 °C/ Gas: Stufe 3) ca. 15 Minuten backen.
Getränk: frischer Weißwein, z. B. Bianco di Toscana/Toskana.

Zubereitungszeit ca. 1 ½ Std.
Portion ca. 550 kcal / 2310 kJ
E 27 g, F 42 g, KH 12 g

Schinken-Pfannkuchen mit Mangold

Zutaten für 2 Personen:

- **2 Scheiben (100 g) magerer gekochter Schinken**
- **2 mittelgroße Möhren**
- **1 Zwiebel**
- **400 g Mangold (ersatzw. Blattspinat)**
- **2–3 TL Öl**
- **Salz**
- **weißer Pfeffer**
- **geriebene Muskatnuss**
- **4 Eier (Gr. M)**
- **10 EL Milch**
- **200 g stückige Tomaten (Packung)**
- **1 Prise Zucker**
- **evtl. glatte Petersilie zum Garnieren**

1 Schinken grob würfeln. Möhren schälen, waschen und fein würfeln. Zwiebel schälen und hacken. Mangold putzen und waschen.

2 Schinken, Möhren und die Hälfte der Zwiebel in einer großen oder 2 kleinen beschichteten Pfannen in je 1 TL heißem Öl andünsten. Mangold tropfnass zufügen und mitdünsten. Mit Salz, Pfeffer und Muskat abschmecken.

3 Eier und Milch verquirlen, mit Salz und Pfeffer würzen. Eiermilch über das Gemüse verteilen und zugedeckt 10–12 Minuten stocken lassen.

4 Rest Zwiebel in 1 TL heißem Öl glasig dünsten. Tomaten zugießen und ca. 5 Minuten köcheln. Mit Salz, Pfeffer und Zucker abschmecken. Die Tomatensoße zum Pfannkuchen reichen und mit Petersilie garnieren.
Getränk: leichter Weißwein, z. B. Frascati Superiore/Latium.

Zubereitungszeit ca. 30 Min.
Portion ca. 370 kcal / 1550 kJ
E 29 g, F 20 g, KH 16 g

Crespelle mit Hackfüllung

Zutaten für 4 Personen:

- **100 g Mehl**
- **2 Eier (Gr. M)**
- **¼ l Milch**
- **Salz, weißer Pfeffer**
- **2 Stangen Porree (Lauch)**
- **3–4 Möhren**
- **2 EL Öl**
- **1–2 TL klare Brühe (Instant)**
- **3–4 EL heller Soßenbinder**
- **3–4 EL Schlagsahne**
- **1 mittelgroße Zwiebel**
- **500 g gemischtes Hack**
- **1–2 EL Tomatenmark**
- **1 TL getrockn. ital. Kräuter**
- **2 TL + etwas Butter/Margarine**
- **75 g Parmesan-Käse (im Stück)**
- **2 EL schwarze Oliven**

1 Mehl, Eier, Milch und 1 Prise Salz glatt verrühren. Teig ca. 30 Minuten quellen lassen.

2 Porree und Möhren putzen bzw. schälen, waschen und in Scheiben schneiden. Beides in 1 EL heißem Öl andünsten. Mit Salz und Pfeffer würzen. Mit ca. ½ l Wasser ablöschen, aufkochen und Brühe darin auflösen. Gemüse ca. 10 Minuten köcheln. Soße mit Soßenbinder binden und mit Schlagsahne verfeinern. Mit Salz und Pfeffer abschmecken.

3 Zwiebel schälen, fein würfeln. Hack in 1 EL heißem Öl krümelig anbraten. Zwiebel zufügen und mitbraten. Tomatenmark zugeben und kurz mit anschwitzen. Mit Salz, Pfeffer und Kräutern kräftig würzen. Evtl. 2–3 EL Wasser unterrühren.

4 2 TL Fett portionsweise in einer beschichteten Pfanne erhitzen. Aus dem Teig darin nacheinander 2–3 Pfannkuchen backen. Hack darauf verteilen, aufrollen und in schräge Stücke schneiden. Eine große Auflaufform fetten, Crespelle mit Hackfüllung hineinsetzen. Gemüsesoße darumverteilen.

5 Käse reiben. Oliven vom Stein schneiden. Mit dem Käse darüber streuen. Die Crespelle im vorgeheizten Backofen (E-Herd: 200 °C/ Umluft: 175 °C/Gas: Stufe 3) 20–30 Minuten überbacken.
Getränk: trockener Rotwein, z. B. Primitivo/Apulien.

Zubereitungszeit ca. 1½ Std.
Portion ca. 600 kcal / 2520 kJ
E 41 g, F 33 g, KH 30 g

Spaghetti-Spinat-Omelett

Zutaten für 2 Personen:

- 125 g Spaghetti (z. B. Spaghettini)
- Salz
- 250 g Blattspinat
- 3 Eier (Gr. M)
- 6–7 EL (75 ml) Milch
- grober schwarzer Pfeffer
- 1 mittelgroße Zwiebel
- 2 TL Öl
- 2 dünne Scheiben durchw. Speck (z. B. Pancetta)
- 2 mittelgroße Tomaten
- 1 Päckchen Tomatensoße (für ¼ l Flüssigkeit)
- einige schwarze Oliven
- evtl. Tomate, Petersilie und Salat zum Garnieren

1 Nudeln evtl. durchbrechen und in reichlich kochendem Salzwasser 5–8 Minuten garen. Spinat verlesen, waschen, in Streifen schneiden. 2 Minuten mitgaren. Abtropfen lassen.

2 Eier und Milch verquirlen, mit Salz und Pfeffer würzen. Die Zwiebel schälen, fein würfeln. Öl portionsweise (am besten in 2 kleinen Pfannen) erhitzen. Speck darin knusprig auslassen, herausnehmen. Je die Hälfte Zwiebel im Bratfett andünsten und je die Hälfte Nudeln und Spinat hineingeben. Je die Hälfte Eiermilch darüber gießen. Bei mittlerer Hitze ca. 2 Minuten von jeder Seite backen.

3 Tomaten waschen, evtl. entkernen und würfeln. Soßenpulver in ¼ l Wasser rühren, aufkochen, ca. 1 Minute köcheln. Tomaten unterrühren.

4 Omeletts mit Speck, Oliven und Soße anrichten. Mit Pfeffer bestreuen. Nach Belieben mit Tomate, Petersilie und Salatblättern garnieren.
Getränk: trockener Roséwein, z. B. Bardolino Chiaretto/Venetien.

Zubereitungszeit ca. 45 Min.
Portion ca. 620 kcal / 2600 kJ
E 28 g, F 28 g, KH 60 g

Zucchini-Paprika-Kuchen vom Blech

Zutaten für ca. 9 Stücke:

- **100 g Mehl**
- **⅛ l Milch, 3 Eier (Gr. M)**
- **Salz, weißer Pfeffer**
- **1 mittelgroße Zucchini**
- **je 1 rote und gelbe Paprika**
- **6 Tomaten**
- **ca. 1 EL Öl fürs Blech**
- **1 Zwiebel**
- **1 Knoblauchzehe**
- **250 g stückige Tomaten (Packung)**
- **Edelsüß-Paprika**
- **2 TL getrockneter Oregano**
- **400 g Mozzarella-Käse**
- **75 g schwarze Oliven**
- **evtl. frischer Oregano zum Garnieren**

1 Mehl, Milch und Eier verrühren. Mit Salz und Pfeffer würzen. Den Teig ca. 30 Minuten quellen lassen.

2 Zucchini putzen, waschen und dünn hobeln. Paprika und Tomaten putzen, waschen. Paprika in dünne Ringe, Tomaten in Scheiben schneiden.

3 Backblech sorgfältig mit Öl bestreichen, den Teig darauf streichen. Im vorgeheizten Backofen (E-Herd: 200 °C/Umluft: 175 °C/Gas: Stufe 3) ca. 10 Minuten vorbacken.

4 Zwiebel und Knoblauch schälen und fein würfeln. Mit den stückigen Tomaten mischen. Mit Salz, Pfeffer, Paprika und Oregano würzen. Mozzarella in Scheiben schneiden.

5 Blech aus dem Ofen nehmen, Teig mit Tomatensoße bestreichen. Mit Gemüse, Oliven und Käse belegen. Weitere ca. 10 Minuten backen. Mit Oregano garnieren.
Getränk: kühler Weißwein, z. B. Orvieto Classico/Umbrien.

Zubereitungszeit ca. 50 Min.
Stück ca. 230 kcal / 960 kJ
E 15 g, F 12 g, KH 13 g

Gemüse – frisch

Ob als Vorspeise, Beilage oder Hauptgericht – Gemüse steht von Turin bis Syrakus täglich auf dem Speiseplan. Dabei achtet die Hausfrau sehr auf Frische und Qualität

Überbackene Auberginen

Zweierlei Bohnen mit Garnelen

vom Markt

Karamellisierte Möhren & grüner Spargel

Karamellisierte Möhren & grüner Spargel

Zutaten für 4–6 Personen:

- **2 EL (20 g) Pinienkerne**
- **1 kg Möhren, Salz, weißer Pfeffer**
- **750 g–1 kg grüner Spargel**
- **1 Prise + 100 g Zucker**
- **3–4 EL Zitronensaft**
- **100 ml Weißwein**
- **6 EL Balsamico-Essig**
- **6–8 EL Olivenöl**
- **6–8 Scheiben (ca. 100 g) ital. Mortadella**
- **6–8 Scheiben (ca. 100 g) Parma- oder San-Daniele-Schinken**
- **evtl. Basilikum, getrocknete Tomaten und Oliven zum Garnieren**

1 Pinienkerne rösten. Möhren schälen, waschen, in Scheiben schneiden. In wenig kochendem Salzwasser ca. 10 Minuten dünsten. Abtropfen.

2 Spargel waschen, Enden großzügig abschneiden. In ¼ l kochendem Salzwasser mit 1 Prise Zucker und 1 EL Zitronensaft ca. 12 Minuten garen. Abtropfen lassen und Fond auffangen.

3 3–5 EL Spargelfond, Weißwein und Essig erhitzen. 100 g Zucker in einer Pfanne goldgelb karamellisieren. Mit Essigsud unter Rühren ablöschen. Ca. 2 Minuten köcheln. Über die Möhren geben, auskühlen lassen.

4 Rest Spargelfond mit 2–3 EL Zitronensaft verrühren. Öl darunter schlagen, würzen. Spargel damit beträufeln, dann mit Möhren, Wurst und Schinken anrichten. Mit Pinienkernen, Basilikum, getrockneten Tomaten und Oliven garnieren.

Zubereitungszeit ca. 45 Min.
Portion ca. 360 kcal / 1510 kJ
E 9 g, F 23 g, KH 26 g

Zweierlei Bohnen mit Garnelen

Zutaten für 4–6 Personen:

- **ca. 1,2 kg frische Dicke Bohnen oder 1 Packung (300 g) TK-Ware**
- **Salz, weißer Pfeffer**
- **1 Dose (425 ml) weiße ital. Bohnenkerne**
- **3–4 Knoblauchzehen**
- **250 g geschälte Garnelen**
- **½ Bund glatte Petersilie**
- **4–5 EL Olivenöl**
- **unbehandelte Zitrone zum Garnieren**

1 Frische Dicke Bohnen palen und waschen. Bohnenkerne (TK-Bohnen unaufgetaut) in kochendes Salzwasser geben. Ca. 20 Minuten garen. Weiße Bohnen abspülen und abtropfen lassen. Knoblauch schälen, in Scheibchen schneiden. Garnelen waschen, abtropfen lassen. Petersilie waschen und fein schneiden.

2 Dicke Bohnen abgießen. Öl erhitzen. Knoblauch darin anbraten. Dicke und weiße Bohnen zufügen, 3–4 Minuten dünsten. Mit Salz und Pfeffer würzen. Petersilie zufügen.

3 Zitrone heiß waschen, trockenreiben und in Scheiben schneiden. Garnelen unter die Bohnen mischen. Mit Zitrone anrichten.

Zubereitungszeit ca. 30 Min.
Portion ca. 320 kcal / 1340 kJ
E 26 g, F 9 g, KH 32 g

GETRÄNKE-TIPP

Frische Weine wie der weiße Galestro aus der Toskana oder Rosé Alghero aus Sardinien sind zu diesen Gemüsegerichten die richtige Wahl.

Überbackene Auberginen

Zutaten für 4–6 Personen:

- **2 Auberginen (à ca. 300 g)**
- **Salz**
- **1 Zwiebel**
- **2–3 Knoblauchzehen**
- **6–8 EL Olivenöl**
- **1 EL Tomatenmark**
- **1 Dose (425 ml) Tomaten**
- **1–2 TL Oregano**
- **weißer Pfeffer**
- **1 Prise Zucker**
- **250 g Mozzarella-Käse**

1 Von den Auberginen das Stielende abschneiden. Auberginen waschen und quer in Scheiben schneiden. Mit Salz bestreuen und kurz ziehen lassen.

2 Zwiebel und Knoblauch schälen und hacken. Beides in 2 EL heißem Öl andünsten. Tomatenmark und Tomaten zufügen. Mit Oregano, Salz, Pfeffer und Zucker würzen.
Unter Rühren ca. 4 Minuten einkochen.

3 4–6 EL Öl erhitzen. Auberginenscheiben abtupfen und im Öl von jeder Seite kräftig anbraten. Auf Küchenpapier abtropfen lassen. In 4–6 feuerfeste Förmchen oder eine große Form legen.

4 Tomatensoße darauf verteilen. Mozzarella-Käse in Scheiben schneiden und auf die Auberginen legen. Im vorgeheizten Backofen (E-Herd: 200 °C/Umluft: 175 °C/Gas: Stufe 3) 15–20 Minuten backen.
Dazu schmeckt frisches italienisches Weißbrot (Ciabatta).

Zubereitungszeit ca. 40 Min.
Portion ca. 220 kcal / 920 kJ
E 10 g, F 17 g, KH 5 g

Knackiges Gemüse

Frisches, vitaminreiches Gemüse ist eine Säule der gesunden Mittelmeer-Küche. Dank des milden Klimas gibt es rund ums Jahr diverse Sorten in Hülle und Fülle. Ohne viele Schnörkel, aber mit viel Fantasie zubereitet, bereichert Gemüse jede Mahlzeit. Hier einige beliebte Sorten im Überblick

ARTISCHOCKEN *(carciofi),*

die Blütenknospen einer Distelart, gedeihen vor allem auf Sizilien, in Kampanien, Apulien und im Latium. Junge Artischocken isst man roh im Salat oder im „pinzimonio". Bei dieser Vorspeise dippt man das rohe Gemüse in Olivenöl, Salz und Pfeffer. Artischocken lassen sich auch prima dünsten, füllen, in Teig ausbacken oder mit Olivenöl und Tomaten („in umido") kochen. Kleine Exemplare isst man ganz. Achten Sie auf glatte, feste Blätter ohne Flecken und frische Blattspitzen.

AUBERGINEN *(melanzane)*

Die besten Auberginen-Rezepte findet man in Süditalien, auf Sizilien und Sardinien, wo das Gemüse hauptsächlich angebaut wird. Es gibt große, kleine, länglich-ovale und runde Sorten von blauviolett bis weiß. Man genießt sie gebraten, gefüllt, in Mischgemüsen und Aufläufen. Frische Auberginen sind fest und haben eine glänzende Schale. Leichte Früchte enthalten weniger Kernchen.

FENCHEL *(finocchio)*

ist ein typisch italienisches Gemüse. Knolle, Früchte und fedriges Grün schmecken leicht nach Anis. Er wird roh für Salate und „pinzimonio" (s. o.) verwendet, ist aber auch gebraten und überbacken köstlich. Die Knollen (150–350 g) sollten fest und weiß sein, das Kraut leuchtend grün. Für Rohkost wird der große, süße Bologneser Fenchel bevorzugt, zum Kochen kleine Florentiner Sorten.

PAPRIKA *(peperone)*

Sie wird im ganzen Land angebaut. Besonders gern isst man geröstete, geschälte und in Olivenöl eingelegte Schoten. Aber auch als Salat, gefüllt und überbacken stehen sie auf der Speisekarte. Die bei uns als Peperoni bekannten kleinen scharfen Gewürzpaprika heißen in Italien „peperoncini". Man kauft sie im Spätsommer und Herbst frisch und zieht sie zum Trocknen auf Schnüre.

SPARGEL *(asparago)*

Vor allem die grünen Stangen und Wildspargel sind sehr begehrt. Die Hauptanbaugebiete liegen in der Emilia Romagna, in Venetien und dem Piemont. Natives Olivenöl extra gibt ihm häufig die Würze. Auch Eier, Schinken und Sardellen sind beliebte Begleiter. Achten Sie beim Kauf von Spargel auf frische, saftige Schnittstellen und geschlossene Köpfe.

STAUDENSELLERIE *(sedano)*

ist Grundlage vieler Suppen und Soßen. Weiß- bis gelbstielige Sorten werden roh verarbeitet, dunklere grünstielige Sorten werden eher gekocht oder geschmort.

TOMATEN *(pomodori)*

sind die Favoriten der italienischen Küche. Frisch verarbeitet haben sie in Antipasti, Salaten, Pasta-Soßen, Suppen und als Belag für Pizza ihren großen Auftritt. Eine typische Konservierungsmethode ist das Trocknen. Halbierte, gesalzene Tomaten werden auf Drahtgestelle verteilt tagelang in der Sonne getrocknet. Danach legt man sie in Olivenöl ein, evtl. mit Kräutern, Knoblauch oder Käse gewürzt. Und ohne aromatische Dosentomaten läuft in der italienischen Küche gar nichts.

ZUCCHINI

werden in ganz Italien angebaut. Sie stammen vom Riesenkürbis ab, worauf ihr Name – die Verkleinerungsform von „zucca" (Kürbis) – hinweist. Die männlichen Blüten der Pflanze, die keine Früchte tragen, lassen sich leicht geöffnet gut füllen. Man kann sie mit und ohne Füllung durch Backteig ziehen und frittieren. Kleine, gerade und feste Zucchini mit makelloser Schale sind die besten.

Gefüllte Zucchiniblüten

Zutaten für 4 Personen:

- 12 weibliche Zucchiniblüten mit kleinen Zucchini
- 2 große Tomaten
- 1 kleine Zwiebel
- 1 Knoblauchzehe
- ½ Bund/Töpfchen Petersilie
- 2 Stiele Basilikum
- 1 EL + 2 EL Butter/Margarine
- Salz
- grober schwarzer Pfeffer
- 30 g Parmesan-Käse (im Stück)
- 8 Scheiben italienisches Weißbrot
- evtl. Küchengarn

1 Junge Zucchini von den Blüten schneiden, beides waschen. Stempel aus den Blüten entfernen. Zucchini fein würfeln. Tomaten waschen, halbieren, Kerne entfernen und das Fruchtfleisch klein würfeln. Zwiebel schälen, fein würfeln. Knoblauch schälen, durch die Knoblauchpresse drücken oder ebenfalls fein würfeln. Petersilie und Basilikum waschen, trockenschütteln und, bis auf einige Blättchen zum Garnieren, fein hacken.

2 1 EL Fett in einer Pfanne erhitzen. Zucchini, Knoblauch und Zwiebel darin andünsten. Tomaten zufügen und alles ca. 5 Minuten schmoren. Kräuter unterheben und mit Salz und Pfeffer würzen. Füllung etwas abkühlen lassen. Dann den Käse reiben und unterheben.

3 Das fein gewürfelte Gemüse vorsichtig in die Zucchiniblüten füllen. Die Blüte zudrehen oder mit Küchengarn zubinden.

4 2 EL Fett in einer beschichteten Pfanne erhitzen und die Zucchiniblüten unter vorsichtigem Wenden darin bei mittlerer Hitze ca. 5 Minuten braten. Mit Petersilie garnieren und mit frischem italienischem Weißbrot sofort servieren.
Getränk: trockener Weißwein, z. B. Verduzzo del Piave/Venetien.

Zubereitungszeit ca. 45 Min.
Portion ca. 420 kcal / 1760 kJ
E 12 g, F 14 g, KH 59 g

Grüner Spargel „alla parmigiana"

Zutaten für 4 Personen:

- 1 kg grüner Spargel
- Salz, etwas Zucker
- 8–12 Scheiben Parmaschinken (ca. 120 g)
- 60–80 g Butter
- 40–50 g Parmesan-Käse (im Stück)
- weißer Pfeffer
- evtl. Basilikum und Zitrone zum Garnieren

1 Spargel waschen und die holzigen Enden abschneiden. Spargel in kochendem, leicht gesalzenem Wasser mit etwas Zucker zugedeckt 10–15 Minuten garen. Spargel abtropfen lassen. Je 4–5 Stangen mit ca. 2 Schinkenscheiben umwickeln.

2 Butter schmelzen. Spargelbündel nebeneinander in eine flache Auflaufform legen. Mit der Butter beträufeln. Parmesan fein reiben und darüber streuen.

3 Spargelrollen im vorgeheizten Backofen (E-Herd: 225 °C/Umluft: 200 °C/Gas: Stufe 4) 3–5 Minuten überbacken. Mit Pfeffer bestreuen, mit Basilikum und Zitrone garnieren. **Getränk:** frischer Weißwein, z. B. Monte dell'Emilia/Emilia Romagna.

Zubereitungszeit ca. 40 Min.
Portion ca. 240 kcal / 1000 kJ
E 14 g, F 18 g, KH 4 g

EXTRA-TIPP

Kaufen Sie Reibkäse wie Parmesan oder Grana Padano stets im Stück. Denn frisch gerieben schmeckt er viel aromatischer.

Gemüseplatte mit Lammkoteletts

Zutaten für 4 Personen:

- 1 Blumenkohl (500–750 g)
- 200 g Stangenbohnen
- 2 Zucchini (à ca. 150 g)
- 1 rote Paprikaschote (ca. 250 g)
- 1 Mangold (ca. 400 g)
- ½ Bund Möhren (ca. 350 g)
- Salz, Pfeffer
- 8 EL Olivenöl
- 2 Knoblauchzehen
- 5 EL Weißwein-Essig
- 8 Lammstielkoteletts (à ca. 75 g)
- evtl. Basilikum und Zitronenspalte zum Garnieren

1 Blumenkohl putzen, in Röschen teilen, evtl. halbieren und waschen. Bohnen, Zucchini, Paprika und Mangold putzen und waschen. Bohnen in längliche Stücke, Zucchini in Scheiben und Paprika in große Stücke schneiden. Mangold in Streifen schneiden. Möhren schälen, dabei etwas Grün stehen lassen.

2 Blumenkohlröschen, Bohnen und Möhren in kochendem Salzwasser 12–15 Minuten garen. In einem Sieb abtropfen lassen.

3 2 EL Öl in einer Pfanne erhitzen. Nacheinander Zucchini, Paprika und Mangold darin jeweils ca. 5 Minuten dünsten. Aus der Pfanne nehmen. Blumenkohl im Bratfett leicht anbraten. Knoblauch schälen, fein hacken und im Bratfett andünsten. Mit Essig ablöschen und 4 EL Öl darunter rühren. Mit Salz und Pfeffer würzen.

4 Gemüse auf einer Platte anrichten und mit der warmen Vinaigrette beträufeln. Zugedeckt ca. 30 Minuten marinieren lassen.

5 Inzwischen Koteletts waschen und trockentupfen. 2 EL Öl in einer Pfanne erhitzen und die Koteletts darin von jeder Seite 3–4 Minuten braten. Mit Salz und Pfeffer würzen. Mit auf der Gemüseplatte anrichten. Nach Belieben mit Basilikum und Zitronenspalte garnieren.
Getränk: kühler Weißwein, z. B. Bianco di Sicilia/Sizilien.

Zubereitungszeit ca. 1 ¼ Std.
Portion ca. 700 kcal / 2930 kJ
E 25 g, F 60 g, KH 12 g

Sommergemüse in Balsamico

Zutaten für 6 Personen:

- **2 Bund Möhren**
- **30 Schalotten oder kleine Zwiebeln**
- **6 Paprikaschoten (z. B. rot, grün und gelb)**
- **3–4 EL Öl**
- **3–4 TL Brühe (Instant)**
- **3–4 EL Zucker**
- **ca. 10 EL Balsamico-Essig**
- **Salz, weißer Pfeffer**
- **abgeriebene Schale von 1 unbehandelten Zitrone**
- **evtl. Minze zum Garnieren**

1 Möhren putzen und dabei etwas Grün stehen lassen. Mit einer Gemüsebürste kräftig abbürsten und waschen. Zwiebeln schälen, evtl. halbieren. Paprika putzen, waschen, in Stücke schneiden.

2 Möhren im heißen Öl andünsten. $\frac{1}{4}$ l Wasser und Brühe zufügen und aufkochen. Möhren ca. 5 Minuten garen. Dann Zwiebeln und Paprika zufügen und alles weitere 5 Minuten garen. Herausnehmen.

3 Zucker in einer großen Pfanne goldgelb karamellisieren. Mit dem heißen Sud und Essig ablöschen und rühren, bis alles gelöst ist. Mit Salz und Pfeffer abschmecken. Gemüse darin wenden, erhitzen und kurz ziehen lassen. Alles anrichten, mit Zitronenschale bestreuen und evtl. mit Minze garnieren. Dazu passen Röstkartoffeln oder Brot.
Getränk: trockener Weißwein, z. B. Vernaccia di San Gimignano/ Toskana.

Zubereitungszeit ca. 30 Min.
Portion ca. 190 kcal / 790 kJ
E 6 g, F 5 g, KH 29 g

Römische Linsen mit Wurst

Zutaten für 4 Personen:

- 50 g durchwachsener Speck (z. B. Pancetta) oder geräucherter Speck
- 1 Zwiebel
- 2 Knoblauchzehen
- 2 Stangen Staudensellerie
- 1–2 EL Olivenöl
- 300 g kleine braune Linsen
- 500 g gepökelte Schweinewurst (Cotechino oder Zampone, gibt es in ital. Spezialitätenläden) oder dicke Schinken-Krakauer
- Salz, weißer Pfeffer

1 Speck in Streifen schneiden. Zwiebel und Knoblauch schälen und hacken. Sellerie putzen, waschen und fein schneiden.

2 Speck im heißen Öl auslassen. Zwiebel, Knoblauch und Sellerie darin andünsten. Linsen abspülen, zufügen. Mit 1 l Wasser ablöschen. Zugedeckt ca. 30 Minuten köcheln.

3 Die Wurst in heißem Wasser ca. 20 Minuten ziehen lassen. Aus der Haut lösen und in Scheiben schneiden. Linsen mit Salz und Pfeffer abschmecken. Mit der Wurst anrichten. **Getränk:** vollmundiger Rotwein, z. B. Morellino di Scansano/Toskana.

Zubereitungszeit ca. 1 Std.
Portion ca. 720 kcal / 3020 kJ
E 35 g, F 44 g, KH 40 g

KLEINE GLÜCKSBRINGER

Gerichte mit Linsen kommen in vielen italienischen Familien zum Jahreswechsel auf den Tisch, da sie Glück und Geld für die nächsten 12 Monate verheißen.

Auberginen-Zucchini-Auflauf mit Hack

Zutaten für 4 Personen:

- 1 Aubergine (ca. 300 g)
- Salz, weißer Pfeffer
- 250 g Zucchini
- 2–3 Knoblauchzehen
- 2 mittelgroße Zwiebeln
- ca. 8 EL Olivenöl
- 250 g Hackfleisch
- 1 Dose (850 ml) Tomaten
- ½ Bund/Töpfchen Oregano
- 200 g Mozzarella-Käse
- 30 g Parmesan-Käse (im Stück)

1 Aubergine putzen, waschen und längs in Scheiben schneiden. Mit Salz bestreuen, ca. 20 Minuten ziehen lassen.

2 Zucchini putzen, waschen, längs in Scheiben schneiden. Knoblauch und Zwiebeln schälen, hacken. 3 EL Öl erhitzen. Knoblauch und Zucchini goldbraun braten. Herausnehmen.

3 Hackfleisch im Bratfett anbraten. Zwiebeln zufügen, andünsten. Mit Salz und Pfeffer würzen. Tomaten mit Saft zugeben. Aufkochen und ca. 10 Minuten schmoren. Oregano waschen, hacken und unterrühren.

4 Mozzarella in Scheiben schneiden. Parmesan reiben. 5 EL Öl erhitzen. Aubergine trockentupfen, im heißen Öl braten. Abtropfen lassen.

5 Hacksoße abschmecken. Mit Gemüse in eine feuerfeste Form füllen. Käse darauf verteilen. Im vorgeheizten Backofen (E-Herd: 175 °C/Umluft: 150 °C/Gas: Stufe 2) ca. 30 Minuten goldbraun backen. **Getränk:** kräftiger Rotwein, z. B. Primitivo/Apulien.

Zubereitungszeit ca. 1 ½ Std. (ohne Wartezeit)
Portion ca. 400 kcal / 1680 kJ
E 28 g, F 26 g, KH 9 g

EXTRA-TIPP

So nehmen Auberginen beim Braten weniger Fett auf: vorher salzen, ziehen lassen, abtupfen.

Gebratene Zucchini

Zutaten für 4 Personen:

- 3 Zucchini (ca. 600 g)
- 2 Knoblauchzehen
- ⅛ l Olivenöl
- Salz
- schwarzer Pfeffer
- 8–10 Stiele Thymian

1 Zucchini putzen, waschen und in grobe Stifte schneiden. Knoblauch schälen und in Scheiben schneiden. 5 EL Öl erhitzen. Zucchini und Knoblauch darin anbraten. Mit Salz und Pfeffer würzen.

2 Thymian waschen, trockenschütteln und dann die Blättchen abzupfen. Zucchini, Knoblauch und Thymian mit dem restlichen Öl begießen. 30 Minuten ziehen lassen und nochmals abschmecken. Dazu schmeckt italienisches Weißbrot.
Getränk: trockener Weißwein, z. B. Pinot Bianco/Trentino.

Zubereitungszeit ca. 20 Min.
(ohne Wartezeit)
Portion ca. 330 kcal / 1380 kJ
E 2 g, F 31 g, KH 9 g

EXTRA-TIPP

Thymian wächst als Wildkraut auch in den Macchien (Buschwald mit immergrünen Hartlaubgewächsen) Italiens. Er verträgt sich bestens mit Knoblauch, Oliven, Auberginen, Paprika sowie Zucchini und gibt Schmorfleisch die richtige Würze. Bei uns ist er als Bundware, im Töpfchen und getrocknet erhältlich. Achtung: Getrockneter Thymian hat dreimal so viel Würzkraft wie frischer. Wichtig für Thymian aus eigenem Anbau: Kurz vor der Blüte geschnitten ist das Kraut am aromatischsten.

Sizilianisches Gemüse „Caponata“

Zutaten für 4 Personen:

- 3–4 Auberginen (ca. 1 kg)
- Salz
- 75 g Rosinen
- 1 Gemüsezwiebel (ca. 350 g)
- 4 Stangen (ca. 200 g) Staudensellerie
- 500 g Tomaten
- ½–1 rote Peperoni
- 1 Bund/Töpfchen Basilikum
- 6–8 EL Olivenöl
- 1 Glas (156 ml) schwarze Oliven
- 2–3 EL Kapern (Glas)
- 4 EL (40 g) Pinienkerne
- 6–8 EL Weißwein-Essig
- ca. 1 TL Zucker
- ¼ l Gemüsebrühe
- schwarzer Pfeffer
- Edelsüß-Paprika

1 Auberginen putzen und waschen. Längs vierteln, grob würfeln und in einen Durchschlag geben. Mit Salz bestreuen und ca. 30 Minuten ziehen lassen. Rosinen in warmem Wasser einweichen. Zwiebel schälen, halbieren und in Scheiben schneiden.

2 Sellerie putzen, waschen und die harten Fasern abziehen. Sellerie klein schneiden. Tomaten evtl. kreuzweise einritzen, überbrühen und häuten. In Stücke schneiden. Peperoni entkernen, waschen und sehr fein hacken. Basilikum waschen, trockenschütteln, Blättchen abzupfen und in feine Streifen schneiden.

3 Oliven abtropfen. Auberginenstücke kurz abspülen und abtupfen. Im großen Bräter im heißen Öl ca. 5 Minuten braten. Herausnehmen. Sellerie im Bratfett ca. 2 Minuten andünsten. Zwiebel kurz mitdünsten. Tomaten, Oliven, Kapern und Hälfte Basilikum zufügen, alles ca. 5 Minuten schmoren.

4 Rosinen abtropfen. Mit Pinienkernen, Auberginen, Peperoni, Essig, Zucker und Brühe zufügen. Alles vermischen und ca. 10 Minuten einkochen lassen. Mit Salz, Pfeffer und Paprika abschmecken. Mit Basilikum bestreuen. Dazu passt Brot.
Getränk: trockener Rotwein, z. B. Nero d'Avola/Sizilien.

Zubereitungszeit ca. 45 Min.
(ohne Wartezeit)
Portion ca. 380 kcal / 1590 kJ
E 8 g, F 25 g, KH 28 g

Top-Salate

Landauf, landab gibt es unzählige leckere Varianten mit sonnengereiftem Gemüse und Spezialitäten der Region. Hier einige Kostproben

Salatteller mit San-Daniele-Schinken

Zutaten für 4 Personen:

- **4 Fleischtomaten (ca. 500 g)**
- **je 1 gelbe und rote Paprikaschote**
- **1 Dose (425 ml) weiße italienische Bohnenkerne**
- **etwas Rucola (Rauke) oder Kopfsalat**
- **1 Packung (250 g) Mozzarella-Kugeln**
- **1 Zwiebel**
- **1 Bund/Töpfchen Basilikum**
- **2–3 EL Balsamico- oder Rotwein-Essig**
- **Salz, weißer Pfeffer**
- **etwas Zucker**
- **4 EL Olivenöl**
- **ca. 10 schwarze Oliven**
- **100 g San-Daniele-Schinken in dünnen Scheiben**

1 Tomaten und Paprika putzen und waschen. Tomaten in Scheiben schneiden. Teller damit auslegen. Paprika in mundgerechte Stücke schneiden. Bohnen kurz abspülen und in einem Sieb abtropfen lassen. Rucola putzen, waschen und klein zupfen. Mozzarella abtropfen lassen.

2 Zwiebel schälen und fein würfeln. Basilikum waschen, trockenschütteln und fein schneiden. Essig, Salz, Pfeffer, Zucker, Zwiebel und Basilikum verrühren. Öl darunter schlagen.

3 Die vorbereiteten Zutaten und Oliven mit der Salatsoße mischen. Auf den Tomaten anrichten. Den Salat mit San-Daniele-Schinken garnieren. Dazu passt ofenwarmes Stangenweißbrot. **Getränk:** kühler Roséwein, z. B. Lagrein Kretzer/Südtirol.

Zubereitungszeit ca. 40 Min.
Portion ca. 420 kcal / 1760 kJ
E 22 g, F 25 g, KH 24 g

aus Bella Italia

Salat mit Pesto & Melone

Zutaten für 6 Personen:

- 3 Bund/Töpfchen Basilikum
- ½ Bund Petersilie
- 60 g Pinienkerne
- 2 Knoblauchzehen
- 30 g Parmesan-Käse (im Stück)
- 6 EL Olivenöl
- Salz
- weißer Pfeffer
- 1–2 EL Zitronensaft
- 1 großer Kopf Salat (z. B. Römersalat)
- ½ kleine Wassermelone
- 50 g Salami (hauchdünn geschnitten)
- evtl. Zitronenscheiben zum Garnieren

1 Für das Pesto Kräuter waschen und grob hacken. Pinienkerne in einer Pfanne ohne Fett rösten. Knoblauch schälen, hacken. Käse reiben. 1 EL Pinienkerne, Kräuter, Knoblauch, Parmesan und Öl pürieren. Mit Salz, Pfeffer und Zitronensaft würzen. Zugedeckt ziehen lassen.

2 Inzwischen Salat putzen, waschen und in Streifen schneiden. Kleine Kugeln aus der Melone stechen oder Fruchtfleisch würfeln. Vorbereitete Zutaten und Salami vorsichtig mit Pesto mischen. Anrichten und restliche Pinienkerne darüber streuen. Mit Zitronenscheiben garnieren. Dazu passt italienisches Weißbrot.
Getränk: leichter Rotwein, z. B. Valpolicella/Venetien.

Zubereitungszeit ca. 25 Min.
Portion ca. 210 kcal / 880 kJ
E 7 g, F 18 g, KH 4 g

Nudelsalat mit Mozzarella

Zutaten für 4 Personen:

- **200 g Nudeln (z. B. Penne)**
- **Salz, schwarzer Pfeffer**
- **2 Packungen (à 125 g) Mozzarella-Käse**
- **150 g gekochter Schinken**
- **6 mittelgroße Tomaten**
- **5–6 EL Balsamico- oder Rotwein-Essig**
- **etwas Zucker**
- **4 EL Öl (z. B. Olivenöl)**
- **½ Bund/Töpfchen Basilikum**

1 Nudeln in kochendem Salzwasser 10–12 Minuten garen. Abtropfen und abkühlen lassen.

2 Mozzarella in Scheiben schneiden. Schinken in Streifen schneiden. Tomaten waschen, vierteln, entkernen und in Spalten schneiden.

3 Essig mit Salz, Pfeffer und Zucker verrühren. Öl darunter schlagen. Basilikum waschen und, bis auf etwas zum Garnieren, fein schneiden.

4 Nudeln, Schinken, Mozzarella, Tomaten, Basilikum und Marinade locker mischen. Zugedeckt ca. 30 Minuten ziehen lassen. Nochmals abschmecken. Mit den übrigen Basilikumblättchen garnieren.
Getränk: leichter Weißwein, z. B. Trebbiano di Romagna/ Emilia Romagna.

Zubereitungszeit ca. 30 Min. (ohne Wartezeit)
Portion ca. 490 kcal / 2050 kJ
E 28 g, F 23 g, KH 39 g

Rucola-Salat mit Kirschtomaten

Zutaten für 4 Personen:

- ½ kleiner Eisberg- oder Römersalat
- 125–150 g Rucola (Rauke)
- 300 g Kirschtomaten (z. B. rote und gelbe)
- 3 EL (30 g) Pinienkerne
- 75 g Pecorino-Käse (im Stück)
- 4 EL Balsamico-Essig
- Salz, grober bunter Pfeffer
- etwas Zucker
- 6 EL Olivenöl

1 Eisbergsalat putzen, in mundgerechte Stücke schneiden und waschen. Abtropfen lassen.

2 Rucola putzen, waschen und abtropfen lassen. Evtl. kleiner schneiden. Tomaten waschen und halbieren.

3 Pinienkerne in einer Pfanne ohne Fett leicht rösten. Vom Käse mit einem Sparschäler Späne abziehen.

4 Essig, Salz, Pfeffer und Zucker verrühren. Öl darunter schlagen. Eisbergsalat, Rucola und Tomaten mit der Vinaigrette mischen. Anrichten. Kurz vor dem Servieren mit Pinienkernen und Pecorino bestreuen.
Getränk: leichter Weißwein, z. B. Soave Classico/Venetien.

Zubereitungszeit ca. 20 Min.
Portion ca. 190 kcal / 790 kJ
E 7 g, F 16 g, KH 3 g

PINIENKERNE

Pinienkerne (pinoli), die Samen der im Mittelmeerraum heimischen Schirmkiefer, geben Salaten, Gemüse und Pasta besonderen Pfiff. Und sie sind ein Muss für Pesto. Neben viel Aroma liefern sie reichlich Mineralstoffe, Provitamin A und Vitamin B_1. Die Kerne sitzen in Zapfen, die mit Stangen vom Baum geholt werden. Diese bleiben in der Sonne liegen, bis sie sich öffnen. Dann sammelt man sie zum Entkernen ein. Eine mühsame Arbeit, die den recht hohen Preis der Pinienkerne erklärt.

Insalata mista mit Thunfisch und Ei

Zutaten für 4 Personen:

- **2 Eier**
- **1 kleine Zwiebel**
- **2 Knoblauchzehen**
- **1 TL Senf**
- **2 EL Rotwein-Essig**
- **Salz, schwarzer Pfeffer**
- **3 EL Olivenöl**
- **1 Kopf Endiviensalat oder grüner Salat**
- **2 Stangen Staudensellerie**
- **2 Fleischtomaten**
- **1 grüne Paprikaschote**
- **1 Dose (185 g) Thunfisch im eigenen Saft**
- **ca. 12 schwarze Oliven**
- **6 Sardellenfilets**

1 Eier hart kochen, abschrecken, schälen und abkühlen lassen. Zwiebel und Knoblauch schälen und fein würfeln. Mit Senf, Essig, etwas Salz und Pfeffer verrühren. Zum Schluss das Öl darunter schlagen.

2 Salat und Gemüse putzen und waschen. Salat in kleinere Stücke zupfen. Sellerie und Tomaten in Scheiben, Paprika in Streifen schneiden. Thunfisch gut abtropfen lassen. Eier sechsteln.

3 Salat, Gemüse, Oliven, Sardellenfilets, Thunfisch und Marinade in einer großen Schüssel mischen. Ei-Sechstel darauf anrichten. Dazu passt italienisches Weißbrot. **Getränk:** trockener Weißwein, z. B. Est! Est!! Est!!! di Montefiascone/ Latium.

Zubereitungszeit ca. 40 Min.
Portion ca. 270 kcal / 1130 kJ
E 22 g, F 17 g, KH 4 g

Toskanischer Bohnensalat

Zutaten für 4 Personen:

- 2 Dosen (à 425 ml) weiße ital. Bohnenkerne
- 2 mittelgroße Zwiebeln
- 1 Knoblauchzehe
- 4 EL Weißwein-Essig
- 2 EL Zitronensaft
- Salz, grober schwarzer Pfeffer
- 4 EL Olivenöl
- 100 g schwarze Oliven
- 4 große Tomaten
- evtl. Basilikum zum Garnieren

1 Bohnen kalt abspülen, abtropfen lassen und in eine Schüssel geben. Zwiebeln schälen, fein würfeln und unter die Bohnen mischen.

2 Knoblauch schälen und durch die Knoblauchpresse drücken. Mit Essig, Zitronensaft, Salz und Pfeffer verrühren. Öl darunter schlagen. Marinade über die Bohnen gießen, alles ca. 1 Stunde ziehen lassen.

3 Bohnen nochmals mit Salz und Pfeffer abschmecken. Die Oliven darunter heben.

4 Die Tomaten waschen, in Scheiben schneiden und auf Tellern kranzförmig anrichten. Bohnensalat darauf verteilen. Mit grobem Pfeffer bestreuen und mit Basilikum garnieren. **Getränk:** fruchtiger Rotwein, z. B. Rosso di Montpulciano/Toskana.

Zubereitungszeit ca. 20 Min.
Wartezeit ca. 1 Std.
Portion ca. 390 kcal / 1640 kJ
E 19 g, F 15 g, KH 41 g

Tortellini-Salat mit Schinken & Käse

Zutaten für 6–8 Personen:

- **500 g getrocknete Tortellini mit Fleisch- oder Käsefüllung**
- **Salz, weißer Pfeffer**
- **1 Salatgurke**
- **4 Tomaten**
- **200 g gekochter Schinken**
- **150 g Fontina-Käse**
- **1 Glas (250 g) Salatcreme**
- **150 g Vollmilch-Joghurt**
- **1 Knoblauchzehe**
- **½ Bund Petersilie**
- **evtl. Basilikum zum Garnieren**

1 Die Tortellini in reichlich kochendes Salzwasser geben und ca. 16–20 Minuten garen.

2 Inzwischen Gurke waschen, putzen und in Würfel schneiden. Tomaten waschen und in Spalten schneiden. Schinken und Käse würfeln. Alles in einer Schüssel mischen.

3 Tortellini abgießen, abtropfen und abkühlen lassen. Dann zu den übrigen Salatzutaten geben. Salatcreme und Joghurt verrühren. Knoblauch schälen und durch eine Knoblauchpresse direkt in die Soße drücken. Mit Salz und Pfeffer abschmecken.

4 Die Petersilie waschen und fein hacken. Salatsoße und Salatzutaten locker mischen. Petersilie darüber streuen. Salat mind. 1 Stunde, evtl. über Nacht, im Kühlschrank durchziehen lassen. Evtl. garnieren.
Getränk: trockener Weißwein, z. B. Soave Classico/Venetien.

Zubereitungszeit ca. 30 Min.
Wartezeit evtl. 12 Std.
Portion ca. 490 kcal / 2050 kJ
E 22 g, F 23 g, KH 44 g

Edles Duo: Olivenö

Aromatisches „olio d'oliva" und köstlicher „aceto balsamico" verleihen vielen italienischen Spezialitäten erst das gewisse Etwas

REGIONALE ÖL-VIELFALT

Italienisches Olivenöl bietet eine breite Palette an Geschmacksvarianten, denn es gibt auf dem Stiefel ca. 100 Olivensorten. Bodenbeschaffenheit, Mikroklima und Erntezeitpunkt vergrößern die Vielfalt.

Aus der Lombardei und dem Trentino kommen Öle von mattgelber Farbe mit dezentem Geschmack. In Ligurien sind die Öle heller und strohfarben, duftig und zart, delikat und abgerundet im Geschmack, mit einem Hauch von Mandeln oder Pinienkernen. In der Konsistenz sind sie eher dünnflüssig. Toskanisches Olivenöl ist berühmt für Reinheit und exzellentes Aroma. Es kann kräftig sein wie die Öle aus der Maremma, aber auch leicht und fein wie Produkte aus Lucca.

Aus Mittelitalien kommen intensivfruchtige, kräftiggrüne Öle. Als besonders wohlschmeckend gelten solche aus dem Vulkan- und Seengebiet nördlich von Rom. Das meiste Olivenöl wird im Süden in Apulien produziert, wo rund ein Drittel aller Olivenbäume der Halbinsel wachsen. Das Öl ist kräftiger als in anderen Landesteilen, hat gelegentlich einen leicht bitteren Nachgeschmack. Sizilien ist Italiens drittgrößter Olivenölproduzent. Von hier kommen besonders edle Öle, die mit vielen Preisen ausgezeichnet wurden. Die Palette reicht von fruchtig, samtig bis leicht bitter und pikant.

HERKUNFTSNACHWEIS

Um den Ursprung von Olivenöl transparenter zu machen, hat die EU entschieden, dass künftig das Anbaugebiet für die Herkunftsangabe maßgebend ist und nicht wie bisher der Abfüllort. Ab November 2003 können Sie sicher sein, dass „Natives Olivenöl (extra) aus Italien" von Oliven stammt, die auf dem Stiefel geerntet und gepresst wurden. In diesem Sinn verlässlich sind auch Angaben, die auf bestimmte Mühlen, Orte, Lagen oder Regionen verweisen, wie produziert und abgefüllt in/bei/durch Firma X. Echtes toskanisches Olivenöl extra vergine trägt das Siegel des „Consorzio dell'Olio Toscano" am Flaschenhals.

QUALITÄTEN

Olivenöl wird heute stets kalt gepresst. Erste Güteklasse ist „Natives Olivenöl Extra" (olio extra vergine), gefolgt von „Nativem Olivenöl" (olio vergine). Beide wandern nach der ersten Pressung meist gefiltert, aber ansonsten naturbelassen in die Flasche. Ungefiltertes Olivenöl enthält noch Schwebstoffe, die oft noch Aromastoffe liefern. „Olivenöl aus raffiniertem (gereinigtem) und nativem Olivenöl" ist eine milde vielseitige Standard-Qualität.

GESUNDHEIT PUR

Etliche Untersuchungen haben bestätigt, dass Olivenöl Herz- und Kreislauferkrankungen vorbeugt.

Netze fangen herabfallende Oliven auf, damit sie unversehrt bleiben

& Balsamico

Es enthält ca. 80 % Ölsäure, eine einfach ungesättigte Fettsäure, die den Anteil an schädlichem LDL-Cholesterin im Blut senkt, die Werte des guten HDL-Cholesterins jedoch konstant lässt. Außerdem liefert Olivenöl viele Mineralstoffe, Spurenelemente, sekundäre Pflanzenstoffe (Phenole) und das Zellschutz-Vitamin E.

MIT OLIVENÖL WÜRZEN „ALL'ITALIANA"

In der kalten Küche kommt der ganze Geschmacksreichtum des Olivenöls zur Geltung. Verwenden Sie für „bruschetta" (geröstetes Brot mit Öl), Tomatensoße und zum Marinieren von Antipasti ein sehr fruchtiges Olivenöl. Für Salat und zum Dünsten von Gemüse empfiehlt sich eine nicht ganz so fruchtige Sorte. Zum Braten und Grillen von Fleisch, Geflügel und Fisch sollte man milde, mittelfruchtige Varianten bevorzugen. Ein besonderer Genuss ist naturtrübes, ungefiltertes Olivenöl. Wenige Tropfen davon verfeinern traditionell Gemüsesuppen und herzhafte Gerichte aus Hülsenfrüchten.

In Italien ist es nicht üblich, frische Salate fertig angemacht zu servieren. Wer im Restaurant schon mal eine „Insalata mista" bestellt hat weiß, dass stets eine Menage mit Essig, Öl, Pfeffer und Salz extra gereicht wird.

BALSAMICO FÜR FEINE GAUMEN

Eine italienische Essig-Spezialität von Weltruf ist der aromatische, süßsaure Aceto Balsamico Tradizionale di Modena. Dafür wird Most von Trauben, die in der Provinz Modena wachsen, langsam eingekocht, bis er die gewünschte Konzentration erreicht hat. Danach filtert man ihn und füllt ihn auf Eichenfässer. Wie lange der Most darin verbleibt und wann der Essig nacheinander in immer kleinere Fässer aus bis zu 6 weiteren Holzarten umgefüllt wird, bleibt das Geheimnis der Hersteller. Mit der Zeit wird der Essig immer sirupartiger. Er wird stets in speziellen rundbauchigen 100-ml-Flaschen verkauft.

Aceto Balsamico Tradizionale darf sich nur nennen, was 12 Jahre gereift ist und alle Fässer durchlaufen hat. Ist er mind. 25 Jahre gereift, darf er den Zusatz „stravecchio" tragen. Es gibt keine Altersangabe auf der Flasche. Aceto Balsamico Tradizionale di Reggio Emilia wird auf die gleiche Art hergestellt. Die Trauben müssen aus der Provinz Reggio Emilia stammen und dort muss auch die gesamte Produktion stattfinden.

Die alten Edeltropfen sind sehr teuer (50–100 Eur/100 ml). Um Balsamico für jeden bezahlbar zu machen, stellt man in den Provinzen Modena und

Das lange Reifen in Holzfässern, die auf Dachböden lagern, verleiht dem Balsamico seine besondere Note

Reggio Emilia Aceto Balsamico di Modena aus gekochtem Most und/oder unter Vakuum konzentriertem Most, mindestens 10 Jahre altem Essig, Weinessig und evtl. Karamell her. Diese Produkte lagern nicht so lange, sind weniger konzentriert, aber dennoch aromatisch.

Balsamico ist weit mehr als nur Basis für Salatsoßen und Marinaden. Schon wenige Tropfen verleihen Soßen, Suppen, Gemüse und selbst Erdbeeren eine raffinierte Note.

TYPISCHE SALATE

Radicchio: Von dieser Zichorienpflanze, deren dekorative, rotweiße Blätter leicht bitter schmecken, werden in Italien hauptsächlich zwei Sorten angebaut: Der „Rossa di Verona" bildet einen runden, kompakten Kopf. Der „Radicchio di Treviso" hat lange, spitze Blätter, die im Winter in einem prächtigen Dunkelrot leuchten. Er wird gewöhnlich mit der fleischigen, essbaren Wurzel verkauft. Radicchio di Treviso steht nicht nur als Salat auf dem Speiseplan, er wird auch gegrillt, geschmort, gedünstet und gebraten.

Rucola (die Blätter der Öl- oder Senfrauke) war schon vor Christi Geburt in Rom bekannt. Der Geschmack junger Blätter ist nussartig, ältere sind leicht scharf. Man kann die gezackten Blätter sehr gut mit anderen Blattsalaten mischen. Sie garnieren aber auch Carpaccio und würzen Pasta-Soße sowie Risotto.

Romana-Salat hat knackige, längliche Blätter, die einen mehr oder weniger festen Kopf bilden. Sie schmecken leicht herb und lassen sich – quer in Streifen geschnitten – prima mit verschiedenen Blattsalaten, Tomaten, Gurken, Oliven und anderen Zutaten kombinieren.

Pizza & Pane für

Ob pur mit Tomate und Mozzarella oder ganz üppig belegt: Pizza passt immer und überall! Und das köstlich knusprige Ciabatta-Brot ist inzwischen auch in aller Munde

Kartoffel-Käse-Pizza mit Salbei

Zutaten für ca. 6 Stücke:

- **300 g + etwas Mehl**
- **½ Würfel (ca. 20 g) Hefe**
- **375 g Kartoffeln**
- **200 g Parmesan-Käse (im Stück)**
- **200 g Gorgonzola-Käse**
- **einige Stiele Salbei**
- **8 EL Olivenöl**
- **3 Knoblauchzehen**
- **Fett fürs Blech**

1 300 g Mehl in eine Schüssel geben, in die Mitte eine Mulde drücken. Hefe hineinbröckeln. Ca. 5 EL lauwarmes Wasser zugießen. Mit etwas Mehl vom Rand zu einem Vorteig verrühren. Zudeckt etwa 15 Minuten gehen lassen.

2 Kartoffeln schälen, waschen und in dünne Scheiben hobeln. Parmesan fein reiben. Gorgonzola etwas zerbröckeln. Beide Käsesorten mischen. Salbei waschen und abzupfen.

3 ¼ l lauwarmes Wasser und 4 EL Öl zum Vorteig geben. Alles zu einem glatten Pizzateig verkneten und zugedeckt nochmals 15 Minuten gehen lassen.

4 Knoblauch schälen und in dünne Scheiben schneiden. Backblech fetten. Teig auf einer bemehlten Fläche ausrollen, auf das Backblech legen.

5 Kartoffelscheiben und Käse darauf verteilen. Knoblauch darüber streuen. Mit Salbeiblättchen belegen. Mit restlichem Olivenöl beträufeln.

6 Pizza im vorgeheizten Backofen (E-Herd: 225 °C/ Umluft: 200 °C/Gas: Stufe 4) 30–35 Minuten goldbraun backen, in Stücke schneiden. **Getränk:** trockener Rotwein, z. B. Sangiovese/Toskana.

Zubereitungszeit ca. 1¾ Std.
Stück ca. 580 kcal / 2440 kJ
E 25 g, F 30 g, KH 48 g

Pizza mit Pilzen & Prosciutto

Zutaten für ca. 4 Stück:

- **250 g + etwas Mehl**
- **½ Würfel (ca. 20 g) Hefe**
- **300 g Mozzarella-Käse**
- **2 mittelgroße Zwiebeln**
- **4 mittelgroße Tomaten**
- **250 g Champignons**
- **250 g passierte Tomaten**
- **Salz, weißer Pfeffer**
- **1 TL getrockneter Thymian**
- **3 EL + etwas Öl**
- **100 g Parmaschinken**
- **evtl. frischer Thymian**

1 250 g Mehl in eine Schüssel geben, in die Mitte eine Mulde drücken. Hefe hineinbröckeln. Ca. 5 EL lauwarmes Wasser zugießen. Mit etwas Mehl vom Rand zu einem Vorteig verrühren. Zugedeckt ca. 15 Minuten gehen lassen.

2 Käse abtropfen lassen, in Scheiben schneiden. Zwiebeln schälen, in Ringe hobeln. Tomaten und Champignons putzen, waschen und in Scheiben schneiden. Passierte Tomaten mit Salz, Pfeffer und Thymian würzen.

3 150 ml lauwarmes Wasser und 3 EL Öl zum Vorteig geben. Alles zum glatten Teig verkneten. Weitere 15 Minuten gehen lassen.

4 Teig vierteln, rund ausrollen. Auf ein geöltes Backblech legen. Mit Tomatenpüree bestreichen. Zwiebeln, Champignons, Tomaten und Käse darauf verteilen.

5 Im heißen Backofen (E-Herd: 225 °C/Umluft: 200 °C/Gas: Stufe 4) ca. 30 Minuten backen. 5 Minuten vor Ende der Garzeit Parmaschinken darauf geben. Evtl. mit Thymian garnieren. **Getränk:** leichter Rotwein, z. B. Bardolino/Venetien.

Zubereitungszeit ca. 1¾ Std.
Stück ca. 580 kcal / 2440 kJ
E 25 g, F 29 g, KH 51 g

Spinat-Pizza mit Knoblauch & Shrimps

Zutaten für 4 Stück:

- **400 g + etwas Mehl**
- **1 TL Zucker, Salz, Pfeffer**
- **1 Päckchen (7 g) Trockenhefe**
- **3–4 EL Öl (z. B. Olivenöl)**
- **400 g Blattspinat**
- **1 mittelgroße Zwiebel**
- **4 Knoblauchzehen**
- **2 EL Tomatenmark**
- **200 g passierte Tomaten**
- **Cayennepfeffer**
- **125 g Mozzarella-Käse**
- **125 g Shrimps (Tiefsee-Krabbenfleisch)**
- **Backpapier**

1 400 g Mehl, Zucker, 1 TL Salz und Hefe mischen. ¼ l lauwarmes Wasser und 2–3 EL Öl zufügen und alles zu einem glatten Teig verkneten. Zugedeckt an einem warmen Ort ca. 30 Minuten gehen lassen.

2 Spinat putzen, waschen, abtropfen lassen. Zwiebel und Knoblauch schälen. Zwiebel fein würfeln, Knoblauch in dünne Scheiben schneiden. Beides in 1 EL heißem Öl andünsten. Spinat zufügen und zusammenfallen lassen. Mit Salz und Pfeffer würzen.

3 Teig nochmals durchkneten und in 4 Portionen teilen. Auf wenig Mehl jeweils rund (ca. 15 cm Ø) ausrollen. Auf ein mit Backpapier ausgelegtes Backblech legen und weitere 10–15 Minuten gehen lassen.

4 Tomatenmark und passierte Tomaten verrühren. Mit Salz und Cayennepfeffer würzen. Spinat evtl. abtropfen lassen. Mozzarella abtropfen lassen, vierteln und in Scheiben schneiden. Shrimps abspülen und abtropfen lassen.

5 Pizzas mit Tomatensoße bestreichen, mit Spinat, Käse und Shrimps belegen. Im vorgeheizten Backofen (E-Herd: 200 °C/Umluft: 175 °C/Gas: Stufe 3) ca. 20 Minuten backen.
Getränk: trockener Weißwein, z. B. Soave Classico/Venetien.

Zubereitungszeit ca. 1¾ Std.
Stück ca. 540 kcal / 2260 kJ
E 24 g, F 14 g, KH 75 g

Oliven-Brot mit Schafskäse-Cremes

Zutaten für 10 Personen:

- **1 Packung (1 kg) Ciabatta-Backmischung (für 2 Brote)**
- **1 Würfel (42 g) Hefe**
- **1 Glas (370 ml) schwarze Oliven ohne Stein**
- **1 EL getrock. Rosmarin, etwas Mehl**
- **evtl. kleine Rosmarinzweige**
- **8 EL Olivenöl**
- **600 g Schafs- oder Feta-Käse**
- **450 g Sahnejoghurt**
- **2 Knoblauchzehen**
- **weißer Pfeffer, Salz**
- **1 Stange (ca. 200 g) Porree (Lauch)**
- **50 g getrockn. Tomaten in Öl (Glas)**
- **1 EL Tomatenmark, Chilipulver**
- **3 EL (30 g) Pinienkerne**
- **1 Töpfchen Basilikum, Backpapier**

1 Backmischung in eine Schüssel geben. Hefe hineinbröckeln. 650 ml lauwarmes Wasser zugießen. Mit den Knethaken glatt verkneten. Zugedeckt an einem warmen Ort etwa 30 Minuten gehen lassen.

2 Oliven abtropfen. ⅔ grob hacken. Mit Rosmarin unter den Teig kneten. Auf etwas Mehl 2 ovale dünne Fladen formen. Auf 2 mit Backpapier ausgelegte Backbleche legen, zugedeckt ca. 45 Minuten gehen lassen. Mit Rest Oliven und Rosmarinzweigen belegen. Mit 4 EL Öl beträufeln, mit etwas Mehl bestäuben. Brote nacheinander im heißen Backofen (E-Herd: 200 °C/Umluft: 175 °C/Gas: Stufe 3) etwa 20 Minuten backen.

3 Für die Cremes Käse und Joghurt pürieren. Knoblauch schälen, fein hacken. Mit 2 EL Öl unterrühren. Mit Pfeffer abschmecken. Creme dritteln.

4 Porree putzen, waschen und fein schneiden. Kurz in kochendem Salzwasser dünsten. Abschrecken, abtropfen. Pürieren, unter ⅓ Creme rühren. Mit Salz und Pfeffer würzen.

5 Tomaten grob würfeln. Mit ⅓ Creme und Tomatenmark pürieren. Mit Salz, Pfeffer und Chili würzen. Kerne rösten. Basilikum waschen, fein schneiden. Beides unterheben. Rest Käsecreme mit 2 EL Olivenöl beträufeln. Olivenbrot dazureichen.
Getränk: trockener Weißwein, z. B. Vernaccia di San Gimignano/Toskana.

Zubereitungszeit ca. 2¼ Std.
Portion ca. 620 kcal / 2600 kJ
E 21 g, F 25 g, KH 74 g

Calzone mit Thunfisch

Zutaten für 4 Personen:

- **2 Eier**
- **400 g + etwas Mehl**
- **½ Würfel (ca 20 g) Hefe**
- **Salz**
- **5 EL Olivenöl**
- **1 Dose (185 g) Thunfisch in Öl**
- **1 Glas (30 g) Kapern**
- **2 mittelgroße Zwiebeln**
- **2–3 Tomaten**
- **125 g Mozzarella-Käse**
- **3 EL Tomatenmark**
- **schwarzer Pfeffer**

1 Eier ca. 10 Minuten hart kochen. Anschließend abschrecken und auskühlen lassen.

2 400 g Mehl in eine Schüssel geben. Hefe zerbröckeln, mit 200 ml lauwarmem Wasser verrühren und zum Mehl geben. 1 TL Salz und Olivenöl zufügen. Alles mit den Knethaken des Handrührgerätes zu einem glatten Teig verkneten. Zugedeckt an einem warmen Ort ca. 30 Minuten gehen lassen.

3 Thunfisch und Kapern abtropfen lassen. Zwiebeln schälen und in Ringe schneiden. Tomaten waschen. Eier schälen. Tomaten, Mozzarella und Eier in Scheiben schneiden.

4 Teig auf etwas Mehl zum Kreis (30–40 cm Ø) ausrollen. Eine Teighälfte mit Tomatenmark bestreichen, dabei einen 1–2 cm breiten Rand frei lassen. Tomatenmark mit den vorbereiteten Zutaten belegen, würzen.

5 Teigränder mit Wasser bestreichen. Freie Teighälfte überklappen, Ränder andrücken. Calzone auf ein mit Mehl bestäubtes Backblech legen, ca. 15 Minuten gehen lassen.

6 2–3 EL Wasser mit ½ TL Salz verrühren. Calzone damit bestreichen. Im vorgeheizten Backofen (E-Herd: 200 °C/Umluft: 175 °C/Gas: Stufe 3) ca. 35 Minuten backen.
Getränk: trockener Rotwein, z. B. Vesuvio Rosso/Kampanien.

Zubereitungszeit ca. 1¾ Std.
Portion ca. 930 kcal / 3880 kJ
E 39 g, F 46 g, KH 82 g

Pizza mit Salami & Peperoni

Zutaten für ca. 12 Stücke:

- **500 g Mehl, ¼ l Milch**
- **1 Würfel (42 g) Hefe**
- **120 g weiche Butter/Margarine**
- **Salz, schwarzer Pfeffer**
- **1 EL getrockneter Oregano oder Pizza-Gewürz**
- **1 EL Öl**
- **Fett fürs Backblech**
- **1 Packung (500 g) Pizza-Tomaten**
- **250 g Mozzarella-Käse**
- **100 g schwarze Oliven**
- **100 g eingelegte milde Peperoni**
- **75 g ital. Salami in dünnen Scheiben**

1 Mehl in eine Schüssel geben. Milch leicht erwärmen. Die Hefe zerbröckeln, darin auflösen und zum Mehl geben. Fett in Flöckchen, ½ TL Salz, Oregano und Öl zufügen. Alles mit den Knethaken des Handrührgerätes zum glatten Teig verkneten. Zugedeckt am warmen Ort ca. 30 Minuten gehen lassen.

2 Teig auf einem leicht gefetteten Backblech (ca. 35 x 40 cm) ausrollen. Pizza-Tomaten darauf verteilen, würzen. Mozzarella grob würfeln. Oliven, Peperoni und Mozzarella auf der Pizza verteilen. Evtl. nochmals ca. 15 Minuten gehen lassen.

3 Im vorgeheizten Backofen (E-Herd: 225 °C/Umluft: 200 °C/Gas: Stufe 4) 30–35 Minuten backen. Salami ca. 5 Minuten vor Ende der Garzeit auf der Pizza verteilen.
Getränk: kräftiger Rotwein, z. B. Chianti/Toskana.

Zubereitungszeit ca. 1½ Std.
Stück ca. 330 kcal / 1380 kJ
E 12 g, F 16 g, KH 32 g

Pizza funghi mit Schinken

Zutaten für 4 Stück:

- 250 g + etwas Mehl
- Salz, weißer Pfeffer
- ½ Würfel (ca. 20 g) frische Hefe
- 3 EL Olivenöl
- 250 g Mozzarella-Käse
- 250 g Tomaten
- 250 g kleine Champignons
- 1 Packung (370 g) Tomatenstücke mit Knoblauch
- 1 EL getrockneter Oregano
- 200 g gekochter Schinken
- 2 EL schwarze Oliven

1 250 g Mehl und ½ TL Salz mischen. Hefe in 150 ml lauwarmem Wasser auflösen, zufügen. Alles mit Öl zum glatten Teig verkneten. Zugedeckt an einem warmen Ort 30 Minuten gehen lassen.

2 Mozzarella abtropfen lassen. Tomaten waschen und Pilze putzen, evtl. waschen. Käse und Tomaten in Scheiben schneiden. Pilze vierteln.

3 Teig auf wenig Mehl zu 4 Kreisen (20 cm Ø) ausrollen. Aufs bemehlte Blech legen. Mit Tomatenstücken bestreichen. Mit Salz, Pfeffer und Oregano würzen. Mit Pilzen, Tomaten- und Käsescheiben belegen.

4 Pizzas im vorgeheizten Backofen (E-Herd: 225 °C/Umluft: 200 °C/ Gas: Stufe 4) 20–25 Minuten backen. Schinken in Streifen schneiden und mit den Oliven nach 15 Minuten auf die Pizzas verteilen. Fertig backen.

Getränk: trockener Rotwein, z. B. Valpolicella Classico/Venetien.

Zubereitungszeit ca. 1¼ Std.
Stück ca. 550 kcal / 2310 kJ
E 23 g, F 22 g, KH 60 g

KÖSTLICHER IRRTUM

Pizza, Inbegriff der italienischen Küche, stammt eigentlich vom griechischen „pitta“ (Brotfladen) ab. Die Griechen lebten lange Zeit in der Gegend von Neapel. Daher trat auch die Pizza von hier aus ihren Siegeszug um die ganze Welt an. Und ist heute in aller Munde.

Gefüllte Pizza „Mozzarella“

Zutaten für 4 Personen:

- **300 g + etwas Mehl**
- **½ Würfel (ca. 20 g) Hefe**
- **1 mittelgroße Zwiebel**
- **500 g Champignons**
- **125 g gekochter Schinken**
- **375 g Mozzarella-Käse**
- **3 EL Öl**
- **Salz**
- **weißer Pfeffer**
- **1 Dose (425 ml) Tomaten**
- **2 TL getrockneter Oregano**

1 300 g Mehl in eine Schüssel geben, in die Mitte eine Mulde drücken. Zerbröckelte Hefe und 200 ml lauwarmes Wasser zugeben. Mit etwas Mehl vom Rand zum Vorteig verrühren. Teig zugedeckt an einem warmen Ort ca. 20 Minuten gehen lassen.

2 Zwiebel schälen und hacken. Pilze putzen, evtl. waschen oder mit einer Pilzbürste säubern und halbieren. Schinken würfeln. Den Käse in Scheiben schneiden.

3 2 EL Öl erhitzen. Zwiebel und Pilze darin anbraten und würzen. Tomaten zufügen und etwas zerkleinern. Ca. 5 Minuten einkochen lassen. Schinken unterheben. Mit Salz, Pfeffer und Oregano abschmecken.

4 1 EL Öl zum Vorteig geben. Alles gut verkneten. Teig in 4 Stücke teilen. Weitere 30 Minuten gehen lassen.

5 2 Teigstücke auf bemehlter Fläche zu Kreisen (à ca. 24 cm Ø) ausrollen. Mit Pilzmasse und Hälfte Käse belegen. Übrige Teigstücke ca. 22 cm rund ausrollen. Auf die Füllung legen. Unteren Rand darüber klappen und andrücken. Rest Käse darauf legen. Im vorgeheizten Backofen (E-Herd: 200 °C/Umluft: 175 °C/Gas: Stufe 3) 20–25 Minuten backen.
Getränk: kräftiger Weißwein, z. B. Orvieto Classico/Umbrien.

Zubereitungszeit ca. 1¾ Std.
Portion ca. 630 kcal / 2640 kJ
E 38 g, F 25 g, KH 59 g

Pizza deliziosa

Zutaten für 2–3 Personen:

- **200 g Mehl**
- **½ Päckchen (3,5 g) Trockenhefe**
- **1 TL Öl, Salz, Zucker, Pfeffer**
- **1 Knoblauchzehe**
- **ca. 5 EL passierte Tomaten (Packung)**
- **1 TL getrockneter Oregano**
- **2–3 Lauchzwiebeln**
- **2 Scheiben (à ca. 30 g) gekochter Schinken**
- **1 kleine Dose (80 g) Thunfisch im eigenen Saft**
- **4 Artischockenherzen (Dose)**
- **ca. 10 paprikagefüllte Oliven**
- **4–6 rohe geschälte Garnelen**
- **125 g Mozzarella-Käse**
- **50–75 g Gorgonzola-Käse**
- **50 g Salami, Backpapier**

1 Mehl und Hefe mischen. Mit ca. 100 ml lauwarmem Wasser, Öl, je 1 Prise Salz und Zucker glatt verkneten. Zugedeckt an einem warmen Ort 30–40 Minuten bis ca. zur doppelten Größe aufgehen lassen.

2 Teig nochmals durchkneten, auf einem mit Backpapier ausgelegten Blech rund (ca. 35 cm Ø) ausrollen.

3 Knoblauch schälen, hacken. Mit passierten Tomaten verrühren. Mit Salz, Pfeffer und Oregano würzen. Pizza damit bestreichen. Im heißen Ofen (E-Herd: 200 °C/Umluft: 175 °C/ Gas: Stufe 3) 5–10 Minuten vorbacken.

4 Lauchzwiebeln putzen, waschen und fein schneiden. Schinken in Streifen schneiden. Thunfisch abtropfen lassen. Artischocken halbieren. Thunfisch mit einer Gabel etwas zerpflücken. Oliven grob hacken. Garnelen abspülen und trockentupfen. Mozzarella abtropfen lassen. Gesamten Käse in Scheiben schneiden.

5 Pizza mit allen Zutaten belegen. Dann bei gleicher Temperatur weitere ca. 15 Minuten backen.
Getränk: trockener Weißwein, z. B. Frascati Superiore/Latium.

Zubereitungszeit ca. 1 ½ Std.
Portion ca. 670 kcal / 2810 kJ
E 45 g, F 23 g, KH 66 g

Pizza margherita

Zutaten für 4 Stück:

- 250 g + etwas Mehl
- ½ Würfel (ca. 20 g) Hefe
- 1 Dose (850 ml) Tomaten
- 300 g Mozzarella-Käse
- 1 Bund/Töpfchen Basilikum
- 5 EL Olivenöl
- Salz
- 80 g Parmesan-Käse (im Stück)
- 100 g schwarze Oliven
- schwarzer Pfeffer
- Backpapier

1 250 g Mehl in eine Schüssel geben, in die Mitte eine Mulde drücken. Zerbröckelte Hefe und 200 ml warmes Wasser zufügen. Mit etwas Mehl vom Rand zum Vorteig verrühren. Zugedeckt ca. 15 Minuten gehen lassen.

2 Tomaten und Mozzarella abtropfen lassen. Tomaten würfeln, Mozzarella in Scheiben schneiden. Basilikum waschen, trockenschütteln, Blättchen von den Stielen zupfen.

3 2 EL Öl und ½ TL Salz zum Teig geben und zunächst mit den Knethaken des Handrührgerätes kräftig durcharbeiten. Anschließend auf leicht bemehlter Arbeitsfläche zum glatten Teig verkneten.

4 Teigmenge vierteln. Auf bemehlter Arbeitsfläche zu vier Kreisen (à ca. 12 cm Ø) ausrollen und auf ein mit Backpapier ausgelegtes Backblech legen. Zugedeckt weitere ca. 15 Minuten gehen lassen.

5 Käse reiben. Teigböden mit 1 EL Öl bestreichen. Mit Tomatenwürfeln, Oliven und Mozzarella belegen. Käse darüber streuen. Mit Salz und Pfeffer würzen. Mit 2 EL Öl beträufeln.

6 Die Pizzas im vorgeheizten Backofen (E-Herd: 200 °C/Umluft: 175 °C/Gas: Stufe 3) ca. 20 Minuten backen. Nach 15 Minuten Backzeit mit Basilikumblättchen belegen.
Getränk: kräftiger Rotwein, z. B. Chianti Classico/Toskana.

Zubereitungszeit ca. 1 Std.
Stück ca. 660 kcal / 2770 kJ
E 32 g, F 34 g, KH 53 g

Speck-Pizza mit Salbei

Zutaten für 4 Personen:

- **250 g + etwas Mehl**
- **½ Würfel (ca. 20 g) Hefe**
- **200 g durchwachsener Speck (z. B. Pancetta)**
- **3–4 Stiele frischer oder 2 TL getrockneter Salbei**
- **2 EL Olivenöl**
- **1 TL Salz, schwarzer Pfeffer**
- **1 Packung (200 g) passierte Tomaten**
- **100 g Mozzarella- oder Bel-Paese-Käse (im Stück)**
- **Backpapier**

1 250 g Mehl in eine Schüssel geben, in die Mitte eine Mulde drücken. Zerbröckelte Hefe und 200 ml warmes Wasser zufügen. Mit etwas Mehl vom Rand zum Vorteig verrühren. Zugedeckt ca. 15 Minuten gehen lassen.

2 Speck in feine Würfel schneiden und in einer Pfanne ohne Fett leicht anbraten. Frischen Salbei waschen, Blättchen von den Stielen zupfen. Zum Speck geben und kurz mit anbraten.

3 Öl und Salz zum Teig geben. Zunächst mit den Knethaken des Handrührgerätes kräftig durcharbeiten. Dann auf leicht bemehlter Arbeitsfläche zu einem glatten Teig verkneten. Zu 1 großen oder 2 kleineren Kreisen ausrollen. Auf ein mit Backpapier belegtes Backblech legen.

4 Teig mit passierten Tomaten bestreichen. Speck-Mischung auf der Pizza verteilen. Käse würfeln bzw. reiben und Pizza damit bestreuen. Im vorgeheizten Backofen (E-Herd: 200 °C/Umluft: 175 °C/Gas: Stufe 3) 20–30 Minuten backen. Vor dem Servieren mit Pfeffer bestreuen.
Getränk: leichter Rotwein, z. B. Vernatsch oder Kalterer See/Südtirol.

Zubereitungszeit ca. 1 Std.
Portion ca. 360 kcal / 1510 kJ
E 14 g, F 10 g, KH 51 g

Broccoli-Champignon-Pizza

Zutaten für 3–4 Personen:

- **250 g + etwas dunkles Weizenmehl (Type 1050)**
- **Salz, weißer Pfeffer**
- **½ Päckchen (3,5 g) Trockenhefe**
- **3–4 EL Öl (z. B. Olivenöl)**
- **300 g Broccoli**
- **200 g Champignons**
- **100 g Mascarpone (ital. Frischkäse) oder Crème fraîche**
- **½ TL getrockneter Oregano**
- **200 g Taleggio- oder Bel-Paese-Käse (im Stück)**
- **Backpapier**

1 250 g Mehl, 1 Prise Salz und Hefe mischen. 150 ml lauwarmes Wasser und 2 EL Öl zufügen. Mit den Knethaken des Handrührgerätes zu einem glatten Teig verkneten. Zugedeckt an einem warmen Ort ca. 30 Minuten gehen lassen.

2 Broccoli putzen, waschen, in Röschen teilen. In kochendem Salzwasser ca. 8 Minuten garen. Abtropfen lassen. Pilze putzen, waschen und in dickere Scheiben schneiden. In 1 EL heißem Öl goldbraun braten, mit Salz und Pfeffer würzen. Etwas abkühlen lassen.

3 Teig auf einer leicht bemehlten Arbeitsfläche rund (ca. 28 cm Ø) ausrollen. Auf ein mit Backpapier ausgelegtes Backblech legen. Mascarpone darauf streichen, mit Oregano, Salz und Pfeffer würzen. Broccoli und Pilze darauf verteilen. Käse in kleine Würfel schneiden bzw. reiben. Pizza mit Käse bestreuen. Evtl. 1 EL Öl darüber träufeln.

4 Die Pizza im vorgeheizten Backofen (E-Herd: 200 °C/Umluft: 175 °C/Gas: Stufe 3) ca. 30 Minuten goldbraun backen.
Getränk: trockener Weißwein, z. B. Marino Superiore/Latium.

Zubereitungszeit ca. 1 ½ Std.
Portion ca. 590 kcal / 2470 kJ
E 25 g, F 32 g, KH 46 g

Süßes „finale

grande“

Kein Festmenü ohne klassisches „dolce“ wie Tiramisu, Zuppa inglese oder Zabaione. Und an heißen Sommertagen erfrischt kühles „gelato“ oder „granita“

Fruchtige Eisbombe „Cassata“

Zutaten für ca. 8 Stücke:

- **600 g Schlagsahne**
- **100 g gehackte Mandeln**
- **2 Packungen (à 100 g) „Früchte-Mix“ oder 200 g Orangeat, Zitronat, rote und grüne Belegkirschen**
- **3–4 EL Maraschino oder anderer Kirschlikör**

Zum Verzieren:

- **2 kandierte Ananasringe**
- **2 kandierte Apfelspalten**
- **1 kandierte Orangenscheibe**
- **einige kandierte Kirschen**

1 Sahne steif schlagen. Mandeln und gewürfelten Früchte-Mix unter die Sahne ziehen. Mit Kirschlikör abschmecken.

2 Sahnemischung in eine runde, kalt ausgespülte Metallform (ca. 1 ½ l Inhalt) füllen. Über Nacht im Gefriergerät gefrieren lassen.

3 Kandierte Ananas in Stücke schneiden. Die Eisbombe auf eine Glasplatte stürzen und mit den kandierten Früchten verzieren. Nach Belieben geschlagene Sahne dazureichen.

Zubereitungszeit ca. 20 Min.
Wartezeit ca. 12 Std.
Stück ca. 420 kcal / 1760 kJ
E 4 g, F 31 g, KH 26 g

ARABISCHES ERBE

Kandierte Früchte, Mandeln und Pistazien sind in der sizilianischen Küche sehr beliebt. Hier ist ein orientalischer Einfluss unverkennbar, denn Sizilien wurde von 827 bis 1072 von arabischen Herrschern regiert.
Das Wort Cassata ist ebenfalls arabischen Ursprungs. Es stammt von „quasat“ ab, der Bezeichnung für „runde Schüssel“, in der das Dessert zubereitet wird.

Zitronensorbet mit Prosecco

Zutaten für 6 Gläser:

- **ca. 300 ml Zitronensorbet (Eis)**
- **100 g TK-Himbeeren**
- **1 Flasche (0,75 l) Prosecco Spumante oder trockener Sekt**
- **evtl. Minze zum Verzieren**

1 Sorbet zu 6 Kugeln formen und auf eine Platte legen. Für ca. 1 Stunde wieder ins Gefriergerät legen.

2 Vor dem Servieren je 1 Kugel in eine große Sektschale geben. Himbeeren darumverteilen. Mit gekühltem Prosecco oder Sekt auffüllen und mit Minze verzieren.

Zubereitungszeit ca. 10 Min.
Wartezeit ca. 1 Std.
Glas 170 kcal / 710 kJ
E 1 g, F 0 g, KH 20 g

EXTRA-TIPP

Sie können für dieses Rezept auch frische Himbeeren verwenden. Achten Sie aber darauf, dass die Früchte trocken und fest sind. Mit frischen Erdbeeren oder Pfirsichen schmeckt dieses Dessert auch sehr gut.

Limonenhälften mit „granita"

Zutaten für 4 Personen:

- 4 unbehandelte Zitronen
- 50 g Zucker
- 3 Stiele Minze

1 Zitronen heiß abwaschen, trockenreiben und längs halbieren. Hälften vorsichtig auspressen, ohne die Schale zu beschädigen, dann das Fruchtfleisch herauslösen.

2 Zitronensaft mit Wasser auf ½ l auffüllen. Zucker einrühren. Die Flüssigkeit unter Rühren aufkochen, bis sich der Zucker löst. Anschließend abkühlen lassen.

3 Minze waschen, Blättchen abzupfen und, bis auf einige zum Verzieren, in feine Streifen schneiden. In den Saft rühren. Zitronensaft in eine Metallschüssel füllen und 4–5 Stunden gefrieren lassen, dabei ab und zu umrühren.

4 Zitronenhälften ebenfalls gefrieren. Vor dem Servieren mit Zitronen-Eis füllen. Mit übriger Minze verzieren.

Zubereitungszeit ca. 20 Min.
Wartezeit ca. 5 Std.
Portion ca. 70 kcal / 290 kJ
E 1 g, F 0 g, KH 17 g

GEFRORENES

Als Granita bezeichnet man in Italien Halbgefrorenes aus Fruchtsaft, Zucker und Wasser. Auch Crushed Ice (zerkleinerte Eiswürfel) mit Fruchtsirup oder Kaffee übergossen wird manchmal so genannt – ein Rezept, das ursprünglich aus dem Vorderen Orient kommt.

Geeistes Cappuccino-Parfait

Zutaten für 6 Personen:

- 2 frische Eier (Gr. M)
- 2 frische Eigelb (Gr. M)
- 70 g + 1 EL Zucker
- ¼ l starker, kalter Kaffee
- 2–3 EL Rum
- 250 g Schlagsahne
- 100 ml Milch
- 1 TL Kakao zum Bestäuben
- evtl. frische Feigen und Gebäck zum Garnieren

1 Eier, Eigelb und 70 g Zucker in eine Metallschüssel geben und im heißen Wasserbad schaumig schlagen. Dabei nach und nach den Kaffee unterrühren. Die Schüssel aus dem Wasserbad nehmen und die Masse kalt rühren. Mit Rum abschmecken.

2 Sahne steif schlagen und locker unter die Eicreme heben. In Tassen füllen und 2–3 Stunden einfrieren.

3 Zum Servieren Milch und 1 EL Zucker schaumig schlagen und aufs Parfait verteilen. Mit Kakao bestäuben. Nach Belieben mit aufgeschnittenen frischen Feigen und Gebäck auf Tellern anrichten.

Zubereitungszeit ca. 30 Min.
Wartezeit 2–3 Std.
Portion ca. 250 kcal / 2320 kJ
E 5 g, F 18 g, KH 16 g

GETRÄNKE-TIPP

In Italien genießt man zum Dessert gern einen Espresso. Als alkoholische Begleiter sind spritziger Spumante, Dessertwein wie Marsala und Vin Santo, Anis- und auch Frucht-Liköre beliebt.

Tiramisu

Zutaten für 6 Personen:

- **75 g + 75 g Zucker**
- **150 ml starker, heißer Espresso**
- **2 EL Rum oder Brandy**
- **100 g Schlagsahne**
- **3 frische Eigelb (Gr. M)**
- **250 g Mascarpone (ital. Frischkäse)**
- **200 g Löffelbiskuits (32 Stück)**
- **ca. 2 EL Kakao zum Bestäuben**

1 75 g Zucker im Espresso auflösen. Rum zugeben und die Flüssigkeit abkühlen lassen.

2 Sahne mit den Schneebesen des Handrührgerätes steif schlagen. Eigelb und 75 g Zucker dickcremig schlagen. Erst Mascarpone, dann die Sahne unterheben.

3 Eine eckige Form (ca. 22 x 22 cm) mit der Hälfte Löffelbiskuits auslegen. Mit der Hälfte Espresso beträufeln. Die Hälfte Mascarponecreme darauf verteilen. Übrige Löffelbiskuits darauf legen und mit Rest Espresso beträufeln. Rest Mascarponecreme darauf streichen.

4 Tiramisu zugedeckt in den Kühlschrank stellen und mind. 4 Stunden durchziehen lassen. Vor dem Servieren mit Kakao bestäuben.

Zubereitungszeit ca. 40 Min.
Wartezeit mind. 4 Std.
Portion ca. 560 kcal / 2350 kJ
E 7 g, F 38 g, KH 44 g

DAS MACHT GLÜCKLICH

Tiramisu heißt auf Deutsch „zieh' mich empor". Und der Name ist Programm: Schon einige Löffel dieses Espresso-Desserts genügen, um Ihr Stimmungsbarometer nach oben schnellen zu lassen. Versuchen Sie's mal!

Panna cotta auf Himbeeren

Zutaten für 4 Personen:

- **3 Blatt weiße Gelatine**
- **1 Vanilleschote**
- **500 g Schlagsahne**
- **50 g Zucker**
- **200–250 g Himbeeren**
- **2–3 EL Puderzucker**
- **evtl. Melonenspalten und Minze**

1 Gelatine in kaltem Wasser einweichen. Vanilleschote längs aufschneiden und das Mark herauskratzen.

2 Sahne, Zucker, Vanillemark und -schote in einem Topf aufkochen. Bei schwacher Hitze unter Rühren ca. 15 Minuten köcheln. Topf vom Herd nehmen und Schote entfernen. Sahne etwas abkühlen lassen.

3 Gelatine ausdrücken. In der noch heißen Sahne unter Rühren auflösen. In 4 mit kaltem Wasser ausgespülte Förmchen (ca. 125 ml; 7 cm Ø) füllen. Mind. 4 Stunden kalt stellen, bis die Creme fest ist.

4 Himbeeren verlesen. Etwa ⅔ durch ein feines Sieb streichen. Püree mit Puderzucker verrühren. Förmchen kurz in heißes Wasser tauchen und Panna cotta auf 4 Teller stürzen. Das Himbeerpüree darumverteilen.
Mit Himbeeren, Melonenspalten und Minze verzieren.

Zubereitungszeit ca. 30 Min.
Wartezeit mind. 4 Std.
Portion ca. 480 kcal / 2010 kJ
E 5 g, F 39 g, KH 23 g

KLEINER SPRACHKURS

Panna cotta heißt „gekochte Sahne". Der Name beschreibt somit die Art der Herstellung.

Zuppa inglese

Zutaten für 6–8 Personen:

- 3 frische Eier (Größe M)
- 3 Eigelb (Gr. M)
- 75 g + 50 g + 50 g Zucker
- 50 g Mehl
- 50 g + 30 g Speisestärke
- ½ TL Backpulver
- ½ l Milch
- Mark von 1 Vanilleschote
- je 50 g Orangeat, Zitronat und bunte Belegkirschen
- 4 EL Amaretto-Likör
- Backpapier

1 Eine Springform (18 cm Ø) am Boden mit Backpapier auslegen. 2 Eier trennen. Eiweiß und 2 EL Wasser steif schlagen. 75 g Zucker einrieseln lassen. 2 Eigelb unterrühren. Mehl, 50 g Stärke und Backpulver mischen, unterheben. Masse in die Form füllen. Im vorgeheizten Backofen (E-Herd: 175 °C/Umluft: 150 °C/Gas: Stufe 2) ca. 15 Minuten backen. Auskühlen lassen.

2 Milch und Vanillemark erhitzen. Übriges Ei trennen. Gesamtes Eigelb und 50 g Zucker schaumig rühren. 30 g Stärke und heiße Milch unter die Eimasse rühren. Unter Rühren erhitzen, bis die Masse dickcremig ist. Abkühlen lassen.

3 Früchte hacken. Biskuit halbieren. Untere Hälfte in eine feuerfeste Form geben. Mit 2 EL Likör beträufeln. Hälfte Creme darauf streichen. ⅓ Früchte darauf streuen. Vorgang wiederholen. Dessert 2 Stunden kalt stellen.

4 1 Eiweiß und 50 g Zucker steif schlagen. Auf das Dessert streichen. Im vorgeheizten Backofen (E-Herd: 200 °C/Umluft: 175 °C/Gas: Stufe 3) 10 Minuten überbacken. Mit übrigen kandierten Früchten verzieren.

Zubereitungszeit ca. 1 Std.
Wartezeit ca. 2 Std.
Portion ca. 370 kcal / 1550 kJ
E 11 g, F 10 g, KH 53 g

DAHER DER NAME

Zuppa inglese heißt „englische Suppe", weil sie mit englischer Creme – einer sehr feinen Vanillecreme – zubereitet wird.

Mokka-Vanille-Eisbombe

Zutaten für 8 Personen:

- 150 ml + 150 ml Milch
- 2 EL löslicher Kaffee
- 6 frische Eigelb (Gr. M)
- 75 g + 75 g Zucker
- 50 g Pistazien
- 50 g Mandelkerne
- 50 g Zartbitter-Schokolade
- 50 g Cocktailkirschen
- 1 Vanilleschote
- 400 g Schlagsahne

1 150 ml Milch und Kaffee erhitzen. 3 Eigelb und 75 g Zucker schaumig schlagen. Kaffeemilch nach und nach unterrühren. Unter Rühren erhitzen, bis die Masse dickcremig ist. Vom Herd nehmen, erkalten lassen.

2 Pistazien, Mandeln und Schokolade hacken und mischen. Cocktailkirschen würfeln.

3 150 ml Milch und aufgeschlitzte Vanilleschote aufkochen. 3 Eigelb und 75 g Zucker cremig schlagen. Vanilleschote aus der Milch entfernen. Milch nach und nach unter die Eicreme rühren. Creme unter Rühren erhitzen, bis sie dicklich wird. Vom Herd nehmen, erkalten lassen.

4 Sahne steif schlagen. Jeweils die Hälfte unter die Cremes heben. ⅔ Nussmischung und Kirschen unter die Vanille-Creme heben.

5 Hälfte Mokkacreme in eine Eisbombenform oder runde Schüssel (ca. 1½ l Inhalt) füllen. 30 Minuten angefrieren. Vanillecreme darauf streichen. 30 Minuten anfrieren. Übrige Mokkacreme darauf geben. Über Nacht gefrieren lassen. Die Eisbombe aus der Form stürzen. Mit restlicher Nussmischung bestreuen.

Zubereitungszeit ca. 40 Min.
Wartezeit ca. 12 Std.
Portion ca. 400 kcal / 1680 kJ
E 6 g, F 28 g, KH 26 g

Meraner Bratäpfel mit Schokosoße

Zutaten für 7 Stück:

- 7 Äpfel (à ca. 250 g)
- 2–3 EL Mandelblättchen
- 3 EL + 2 EL Zucker
- 40 g Butter
- 150 g Zartbitter-Schokolade
- 250 g Schlagsahne
- 3 frische Eigelb (Gr. M)
- evtl. Melisse zum Verzieren

1 Äpfel schälen und das Kerngehäuse mit einem Ausstecher entfernen. Äpfel in eine ofenfeste Pfanne oder eine Auflaufform setzen. Ca. 5 EL Wasser angießen. Mandeln und 3 EL Zucker darüber streuen. Butter in Flöckchen darauf verteilen. Äpfel im vorgeheizten Backofen (E-Herd: 225 °C/Umluft: 200 °C/Gas: Stufe 4) 20–25 Minuten backen.

2 Schokolade in Stücke brechen und im heißen Wasserbad schmelzen. Erst die Sahne, dann 2 EL Zucker und Eigelb mit den Schneebesen des Handrührgerätes einrühren. Alles zu einer cremigen Soße aufschlagen. Die Bratäpfel mit der Soße anrichten und mit Melisse verzieren.

Zubereitungszeit ca. 40 Min.
Stück ca. 480 kcal / 2010 kJ
E 5 g, F 29 g, KH 46 g

Zabaione mit Erdbeeren

Zutaten für 4 Personen:

- **500 g Erdbeeren**
- **3 frische Eigelb (Gr. M)**
- **1 frisches Ei (Gr. M)**
- **120 g Zucker**
- **8 EL Marsala (sizilian. Dessertwein)**
- **25 g Zartbitter-Schokolade**
- **ca. 1 TL Puderzucker**
- **1 TL Kakaopulver**
- **evtl. Erdbeer- oder Melisseblättchen zum Verzieren**

1 Erdbeeren vorsichtig waschen und auf Küchenpapier abtropfen lassen.

2 Eigelb, Ei und Zucker in einer Metallschüssel cremig rühren. Den Marsala zufügen und auf einem heißen Wasserbad schaumig aufschlagen, bis die Weincreme etwa das doppelte Volumen erreicht hat. Anschließend am besten auf einer Schüssel mit Eiswasser kalt rühren.

3 Zabaione auf 4 Teller verteilen. Erdbeeren putzen, nach Belieben halbieren oder ganz in die Zabaione legen. Mit einem Sparschäler Späne von der Schokolade raspeln, über die Zabaione streuen. Mit Puderzucker und Kakao bestäuben und evtl. mit Erdbeerblättchen oder Melisse verzieren.

Zubereitungszeit ca. 45 Min.
Portion ca. 310 kcal / 1300 kJ
E 6 g, F 9 g, KH 43 g

VARIANTE

Probieren Sie anstelle der Erdbeeren doch auch mal frische Pfirsich- oder Aprikosenspalten. Die Zabaione kann man statt mit Marsala ebensogut mit 4 EL Amaretto-Likör zubereiten.

Honig-Melonen-Eis

Zutaten für 4 Personen:

- **50 g Puderzucker**
- **2 EL Honig**
- **je 1 Netz- und Charentais-Melone (à ca. 800 g) oder 2 Honigmelonen**
- **2–3 Limetten oder 1 unbehandelte Zitrone**
- **evtl. 3 EL Weinbrand**
- **evtl. Minze zum Verzieren**

1 Puderzucker, Honig und ¼ l Wasser verrühren und aufkochen. Ca. 5 Minuten köcheln, dann Sirup abkühlen lassen.

2 Beide Melonen zickzackförmig oder glatt halbieren. Kerne herauslösen. Fruchtfleisch der Netzmelone, bis auf einen schmalen Rand, aus den Hälften lösen und pürieren.

3 Limetten heiß waschen und trockenreiben. Die Schale abreiben. Limetten halbieren und den Saft auspressen. Sirup, Melonenpüree, Limettenschale und -saft gut verrühren. Mindestens 5 Stunden gefrieren lassen. Dabei von Zeit zu Zeit kräftig durchrühren.

4 Inzwischen aus der Charentais-Melone Kugeln ausstechen oder das Fruchtfleisch würfeln. Evtl. mit dem Weinbrand marinieren.

5 Von dem Sorbet mit einem Löffel Nocken abstechen. Mit Melonenkugeln in den Melonenhälften anrichten. Alles evtl. auf Eis servieren. Nach Belieben mit Minze verzieren.

Zubereitungszeit ca. 30 Min.
Wartezeit mind. 5 Std.
Portion ca. 170 kcal / 710 kJ
E 2 g, F 0 g, KH 34 g

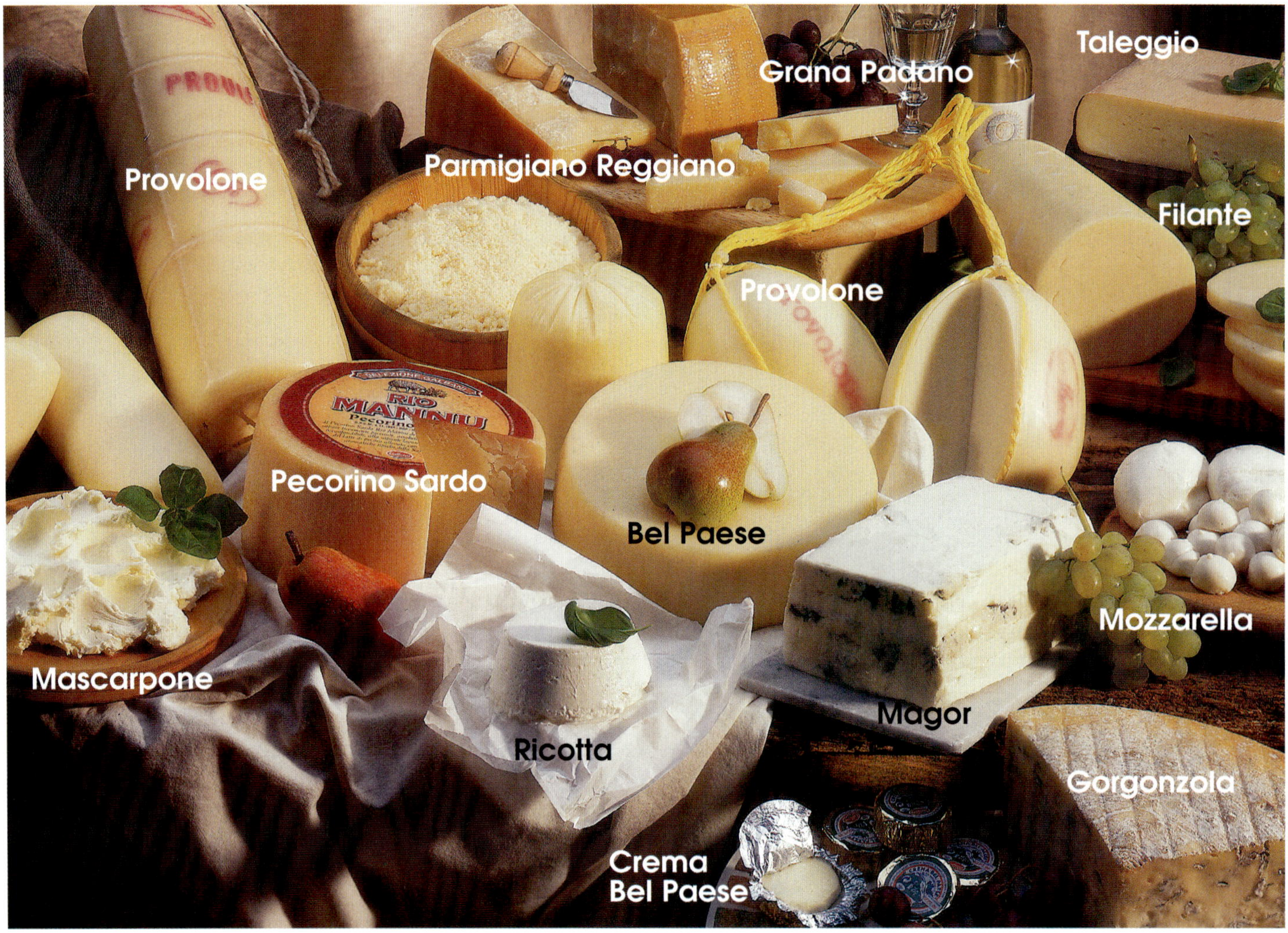

Käse-Spezialitäten

Was wäre die italienische Küche ohne ihren typischen „formaggio"? Von den Alpen bis nach Sizilien gibt es viele delikate Sorten zu entdecken. Und das Schönste: Die meisten davon sind auch bei uns im Handel

ASIAGO D'ALLEVO, ein halbfetter Hartkäse aus Kuhmilch, wird in Teilen von Venetien und des Friaul hergestellt. Jung schmeckt er delikat-mild und ist als Tafelkäse beliebt. Mit zunehmender Reife ein pikanter Reibkäse.

BEL PAESE (Lombardei): Die Nr. 1 unter den halb festen Schnittkäsen hat einen leicht säuerlichen, zarten Geschmack. Für feine Käseplatten, Pasta, Pizza und Salat. Crema Bel Paese ist ein Schmelzkäse.

CACIOCAVALLO: Vollfetter Hartkäse, der durch Abbinden die Form einer unregelmäßigen „8" erhält. Er wird jung als mildsüßer Tafelkäse verzehrt. Nach 12 Monaten Reife wird er zum würzigen Reibkäse. Gibt's auch geräuchert.

FILANTE ist ein fester Schmelzkäse, der leicht und gleichmäßig schmilzt. Er wird als Pizzabelag und zum Überbacken verwendet.

FONTINA (Aostatal), ein milder, leicht süßlicher Käse aus Kuhmilch, wurde schon im Mittelalter hergestellt. Er ist ein beliebter Tafelkäse, wird wegen seiner ausgezeichneten Schmelzfähigkeit, aber auch zum Überbacken von Fleisch und Gemüse, für Käse-Fondues und -cremes geschätzt.

GORGONZOLA wurde schon im 12. Jahrhundert in dem Dorf Gorgonzola bei Mailand hergestellt und in natürlichen Felsgrotten gereift. Heutzutage wird er in genau begrenzten Gebieten des Piemont und der Lombardei produziert. Der beliebte Kuhmilchkäse mit Blauschimmel im Innern und kräftiger Käseflora auf der Rinde schmeckt jung mild, nach 3 Monaten Reife pikant. Ideal zum Gratinieren und Verfeinern von Soßen, milde Varianten als Basis für Dips und für Vorspeisen, kräftige als Begleiter zu Wein und frischen Früchten.

Parmesan wird mit einem Spezialmesser gebrochen. Ein Genuss zu Rotwein!

GRANA PADANO: körniger Hartkäse, der in der Po-Ebene, in Teilen Piemonts, der Lombardei, Venetiens sowie der Emilia Romagna erzeugt wird. Sein Geschmack ist etwas ausgeprägter, aber milder als der des Parmigiano Reggiano. Er wird aber wie dieser verwendet. Sein Gütezeichen: eine Raute mit abgerundeten Ecken, durch zwei waagerechte Linien unterbrochen, die den Schriftzug „Grana Padano“ eingrenzen.

MAGOR, eine geschichtete Komposition aus cremig-sahnigem MAscarpone und würzigem GORgonzola, ist als Brotbelag, in Soßen und Dips ein Genuss.

MASCARPONE (Lombardei): Der sahnig-milde, sehr cremige Frischkäse (mind. 80 % Fett i. Tr.) ist Hauptbestandteil des berühmten Desserts „Tiramisu“, verfeinert auch andere Süßspeisen, Torten, Soßen und Suppen.

MOZZARELLA: süßsäuerlicher, frischer Käse mit leicht faseriger Struktur. Ursprünglich stammt er aus Kampanien und wurde aus Büffelmilch (mozzarella di bufala) herstellt, vor allem für die Pizza napoletana. Um den gestiegenen Bedarf zu decken, verwendet man heute zur Herstellung meist Kuhmilch. Beliebt auf Pizza und Pasta, in Salaten und Aufläufen.

PARMIGIANO REGGIANO: Der würzige, bröckelige Hartkäse aus der Gegend um Parma, Bologna und Mantua wird von April bis November aus Rohmilch hergestellt. Echt ist er nur, wenn der Schriftzug „Parmigiano Reggiano“ fortlaufend und der Länge nach rund um die Rinde eingeprägt ist. Er reift mindestens 1 Jahr. Frisch gerieben genießt man ihn auf Minestrone oder Pasta, gehobelt auf Carpaccio oder Rucolasalat, in Stückchen zum Abschluss des Menüs.

PECORINO ROMANO (Latium und Sardinien): weißer bis hell strohfarbener Hartkäse aus Schafsmilch. Mit seinem charakteristischen leicht scharfen und salzigen Geschmack wird er besonders in der Küche Mittel- und Süditaliens als Tafel- und Reibkäse geschätzt.

PECORINO SARDO: Typisch für Sardinien ist dieser Hartkäse aus Schafsmilch. Jung hat er einen mildwürzigen Geschmack und wird als Tafelkäse sowie für Salate – vor allem zu Rucola – verwendet. Reif ist er fest und aromatisch, mundet zu kräftigem Rotwein oder gerieben auf Pasta.

PROVOLONE: Der leicht würzige, halbfeste Käse ist in Seile gebunden und in Paraffin/Wachs getaucht. Er eignet sich bestens zum Überbacken und als Dessertkäse. Außerdem gibt es eine geräucherte Variante.

RAGUSANO: sizilianischer Tafel- und Reibkäse aus Kuhmilch. Der junge Käse hat eine stroh- bis goldgelbe Rinde, schmeckt mild und zart. Gereift ist er außen braun und schmeckt würzig. Dann reibt man ihn über Pasta.

RICOTTA entsteht aus erhitzter Molke, der Milchsäure zugesetzt wird, wodurch das Eiweiß ausflockt. Mild im Geschmack und leicht cremig in der Konsistenz ist sie die ideale Basis für Desserts und Pasta-Füllungen, verfeinert Aufläufe und Salate.

TALEGGIO ist eine der ältesten Käsesorten der Lombardei. Der cremig-zarte, feinwürzige Weichkäse mit Rotschmiere mundet vorzüglich zu jungem Wein oder auf Brot und eignet sich gut zum Überbacken von Bruschetta oder Gratins.

Provolone ist unterschiedlich geformt, hier als „Melone“

Sardischer Mandelkuchen

Zutaten für ca. 16 Stücke:

- **Fett und Mehl für die Form**
- **100 g Butter/Margarine**
- **6 Eier (Gr. M)**
- **150 g Puderzucker**
- **1 Päckchen Vanillin-Zucker**
- **1 Prise Salz**
- **75 g Mehl**
- **50 g Kartoffelstärke**
- **2 TL Backpulver**
- **125 g gemahlene Mandeln**
- **5 EL Amaretto-Likör**
- **100 g Mandelblättchen**
- **300 g Halbbitter-Kuvertüre**
- **1 Holzspießchen**

1 Eine Springform (26 cm Ø) fetten und mit Mehl ausstreuen. Fett schmelzen und abkühlen lassen. Eier trennen. Eigelb, Puderzucker und Vanillin-Zucker mit den Schneebesen des Handrührgerätes ca. 5 Minuten cremig aufschlagen.

2 Eiweiß und Salz steif schlagen. Mehl, Stärke und Backpulver sieben, mit gemahlenen Mandeln mischen. Zuerst etwas Mandelmischung unter die Eigelbcreme heben. Dann im Wechsel zerlassenes Fett und Rest Mandelmischung unterheben. Zum Schluss Eiweiß unterziehen.

3 Teig in der Form glatt streichen. Im heißen Backofen (E-Herd: 175 °C/Umluft: 150 °C/Gas: Stufe 2) ca. 35 Minuten backen. Heißen Kuchen mit einem Holzspießchen mehrmals einstechen. Mit Amaretto beträufeln. Aus der Form lösen, auskühlen lassen.

4 Mandelblättchen in einer Pfanne ohne Fett goldbraun rösten. Mandeln sofort auf einen Teller schütten.

5 Kuvertüre hacken und im heißen Wasserbad schmelzen. Den Kuchen damit durch leichtes Schwenken gleichmäßig überziehen. Sofort rundherum mit den Mandelblättchen üppig bestreuen. Gut trocknen lassen.

Zubereitungszeit ca. 2 Std.
Stück ca. 310 kcal / 1300 kJ
E 7 g, F 16 g, KH 33 g

mit Tradition

„Tipico italiano“ – die Rezepte für diese würzigen Kuchen und knusprigen Kekse wurden von Generation zu Generation weitergegeben. Lassen Sie sich doch mal verführen!

Mandelmakronen „Amaretti“

Zutaten für ca. 60 Stück:

- **300 g Mandelkerne mit Haut**
- **300 g Zucker**
- **½ Fläschchen Bittermandel-Aroma**
- **3 Eiweiß (Gr. M)**
- **Mehl fürs Backblech**
- **etwas Puderzucker zum Bestäuben**

1 Mandeln in kochendem Wasser kurz überbrühen. Abschrecken und aus der Haut drücken. Dann auf ein Backblech legen und im vorgeheizten Backofen (E-Herd: 50 °C/Umluft: 50 °C/Gas: Stufe 1) ca. 1 Stunde trocknen lassen. Zwischendurch den Ofen von Zeit zu Zeit aus- und wieder anschalten. Anschließend Mandeln abkühlen lassen.

2 Mandeln im Mixer oder einer Mandelmühle sehr fein mahlen. Mit Zucker und Bittermandel-Aroma verrühren. Eiweiß leicht anschlagen. Mandelmasse nach und nach zugeben, bis ein fester Teig entsteht.

3 Backblech mit Mehl bestäuben. Kleine Häufchen darauf setzen. Eventuell mit dem Daumen eindrücken. Mit Puderzucker bestäuben. Im vorgeheizten Backofen (E-Herd: 100 °C/Umluft: 75 °C/Gas: Stufe 1) ca. 1¼ Stunden trocknen lassen. Nochmals mit Puderzucker bestäuben.

Zubereitungszeit ca. 3 Std.
Stück ca. 50 kcal / 210 kJ
E 1 g, F 3 g, KH 5 g

Mandelkekse „Cantuccini“

Zutaten für ca. 55 Stück:

- 250 g Mehl
- 175 g Zucker
- 1 Päckchen Vanillin-Zucker
- 1 Prise Salz
- 1 TL Backpulver
- 25 g weiche Butter/Margarine
- 2 Eier (Gr. M)
- 2 EL Amaretto-Likör
- ca. 12 Tropfen Bittermandel-Aroma
- 200 g Mandelkerne
- Mehl für die Arbeitsfläche
- Klarsichtfolie, Backpapier

1 Mehl, Zucker, Vanillin-Zucker, Salz und Backpulver in eine Rührschüssel geben und mischen. Fett, Eier, Amaretto und Bittermandel-Aroma zufügen und mit den Knethaken des Handrührgerätes zu einem glatten Teig verkneten.

2 Mandeln mit den Händen unterkneten. Teig in Folie wickeln und ca. 30 Minuten kühl stellen. Teig auf einer bemehlten Arbeitsfläche zu 5 langen Rollen (à ca. 4 cm Ø) formen. Rollen mit Abstand auf ein mit Backpapier ausgelegtes Backblech legen und im vorgeheizten Backofen (E-Herd: 200 °C/Umluft: 175 °C/Gas: Stufe 3) 12–15 Minuten backen. Herausnehmen und abkühlen lassen.

3 Rollen schräg in 1–1.5 cm dicke Scheiben schneiden. Mit der Schnittfläche auf das Backblech legen und im vorgeheizten Backofen (E-Herd: 200 °C/Umluft: 175 °C/Gas: Stufe 3) nochmals 8–10 Minuten bräunen. Abkühlen lassen.

Zubereitungszeit ca. 45 Min.
Wartezeit ca. 1 Std.
Stück ca. 60 kcal / 250 kJ
E 1 g, F 3 g, KH 7 g

EXTRA-TIPP

In der Toskana sind diese Mandelkekse beliebte Begleiter zum berühmten Dessertwein Vin Santo, in den man die Kekse kurz eintaucht. So werden sie auch oft als Dessert serviert.

Gewürzkuchen „Panforte di Siena“

Zutaten für ca. 24 Stücke:

- **2 große Backoblaten für Obstkuchen**
- **150 g Haselnusskerne**
- **100 g Zitronat**
- **100 g Orangeat**
- **100 g Vollmilch-Schokolade**
- **300 g Mandelkerne ohne Haut**
- **100 g Mehl**
- **1 EL Kakao**
- **1 TL Zimt**
- **je 2 Msp. gemahlene Nelken, Muskat, Kardamom und Sternanis**
- **je 1 Prise geriebene unbeh. Zitronen- und Orangenschale**
- **200 g Zucker**
- **200 g Honig**
- **Puderzucker**

1 Eine Springform (24 cm Ø) mit den Oblaten auslegen. Nüsse grob, Zitronat und Orangeat fein hacken. 2 EL Zitronat beiseite legen. Schokolade grob raspeln. Mandeln, bis auf 4 EL, Nüsse, Zitronat, Orangeat und Schokolade mit Mehl, Kakao, Gewürzen und Zitrusschale mischen.

2 Zucker und Honig langsam erhitzen, bis sich der Zucker gelöst hat. Aufkochen und vom Herd nehmen. Unter die Nussmischung kneten. Teig in die Form streichen. Übriges Zitronat und Mandeln auf die Oberfläche streuen, andrücken.

3 Im vorgeheizten Backofen (E-Herd: 175 °C/Umluft: 150 °C/Gas: Stufe 2) 30–40 Minuten backen. Abkühlen lassen, mit Puderzucker bestäuben.

Zubereitungszeit ca. 1 ¼ Std.
Stück ca. 240 kcal / 1000 kJ
E 4 g, F 12 g, KH 28 g

Weihnachtskuchen „Panettone“

Zutaten für 20 Stücke:

- 600 g Mehl, 1 Prise Salz
- 175 g Zucker
- 1 Päckch. Vanillin-Zucker, ¼ l Milch
- 1 ½ Würfel (à 42 g) Hefe
- 6 Eigelb (Gr. M)
- 200 g + etwas weiche Butter
- 100 g Korinthen
- 200 g „Früchte-Mix“ od. kand. Früchte
- 4 EL Weinbrand
- 100 g Puderzucker, 3 EL Zitronensaft
- evtl. kandierte Ananas zum Verzieren
- Backpapier

1 Mehl, Salz, Zucker und Vanillin-Zucker in eine Rührschüssel geben und mischen. Milch erwärmen. Hefe hineinbröckeln und unter Rühren auflösen. Auf die Mehlmischung gießen. Eigelb und Butter zufügen, alles mit den Knethaken des Handrührgerätes zu einem glatten Teig verkneten. Zugedeckt an einem warmen Ort ca. 45 Minuten gehen lassen.

2 Inzwischen Springform (22 cm) am Boden fetten. Von einer Backpapierrolle 60 cm abschneiden. 3x in Längsrichtung falten. Als Erhöhung des Rands in die Form setzen.

3 Korinthen waschen und abtropfen lassen. 1 EL Früchte-Mix zum Verzieren beiseite legen. Rest Früchte-Mix, Korinthen und Weinbrand mischen. Mit den Knethaken des Handrührgerätes unter den Hefeteig kneten. Teig in die Form füllen und im vorgeheizten Backofen auf unterster Schiene (E-Herd: 175 °C/Umluft: 150 °C/Gas: Stufe 2) 1–1 ¼ Stunden backen. Eventuell nach der Hälfte der Backzeit zudecken. Panettone aus dem Ofen nehmen, auf ein Gitter setzen und auskühlen lassen.

4 Puderzucker und Zitronensaft glatt rühren. Panettone aus der Form lösen. Puderzuckerguss darüber gießen. Mit Rest Früchte-Mix und Ananas verzieren. Guss trocknen lassen.

Zubereitungszeit ca. 1 ¾ Stunden
Wartezeit ca. 1 Std.
Stück ca. 320 kcal / 1340 kJ
E 5 g, F 11 g, KH 47 g

Festa italiana

Italien-Urlauber wissen es: Die gastfreundlichen Bewohner des „Stiefels" feiern oft und gern. Von Antipasti bis Dolci wird Verwandten und Freunden dann nur das Beste aus Küche und Keller aufgetischt

Cappuccino-
Sahnecreme
Käseplatte
mit Früchten
Mariniertes
Gemüse
PROSECCO
JULIA
VALLIS

Antipasti-Teller mit Olivenpaste

Zutaten:

Für die Olivenpaste:

- **3–4 Knoblauchzehen**
- **300 g entsteinte schwarze Oliven**
- **5 EL Olivenöl**
- **10–15 Scheiben ital. Weißbrot (s. Rezept unten)**
- **½ Bund Petersilie**

Für die Antipasti:

- **2 Packungen (à 125 g) Grissini (ital. Teigstangen)**
- **10–15 hauchdünne Scheiben Parmaschinken**
- **10–15 Scheiben ital. Mortadella**

1 Für die Paste Knoblauch schälen. Mit Oliven und Öl mischen und pürieren. Brot damit bestreichen. Petersilie waschen, hacken und darüber streuen.

2 Grissini mit je 1 Scheibe Schinken oder Mortadella umwickeln. Mit Oliven-Broten auf einem Teller anrichten. Übrige Grissini dazureichen.

Zubereitungszeit ca. 25 Min.
Portion ca. 290 kcal / 1210 kJ
E 7 g, F 17 g, KH 26 g

Italienisches Weißbrot

Zutaten:

Für 2 Brote:

- **1 ½ Würfel (ca. 60 g) Hefe**
- **700 g Mehl, ½ TL Salz**
- **Öl fürs Blech**
- **Mehl zum Bestäuben**

1 Hefe zerbröckeln und in 400 ml lauwarmem Wasser auflösen. Mehl und Salz zufügen, alles zu einem glatten Teig verkneten. Teig halbieren, zugedeckt an einem warmen Ort ca. 30 Minuten gehen lassen.

2 Teighälften nochmals gut durchkneten und zu 2 länglichen Laiben (ca. 25 cm lang) formen. Nebeneinander aufs geölte Backblech legen, nochmals 30 Minuten gehen lassen.

3 Laibe mit etwas Wasser bestreichen und mit Mehl bestäuben. Die Brote im vorgeheizten Backofen (E-Herd: 200 °C/Umluft: 175 °C/Gas: Stufe 3) ca. 30 Minuten backen.

Zubereitungszeit ca. 2 Std.
Portion ca. 250 kcal / 1050 kJ
E 8 g, F 1 g, KH 51 g

Mariniertes Gemüse

Zutaten:

- **1,5 kg grüner Spargel**
- **Salz, weißer Pfeffer**
- **3 Tomaten**
- **2 EL Pinienkerne**
- **4 EL Balsamico-Essig,**
- **etwas Zucker**
- **10 EL Olivenöl**
- **je 2 gelbe und rote Paprikaschoten (ca. 800 g)**
- **2 Zucchini (ca. 400 g)**
- **500 g Möhren, 3 Knoblauchzehen**
- **½ Bund/Töpfchen Thymian**
- **2 EL Zitronensaft**

1 Spargel waschen, Enden großzügig abschneiden. In kochendem Salzwasser ca. 10 Minuten garen. Dann abtropfen und abkühlen lassen.

2 Tomaten waschen, entkernen und fein würfeln. Pinienkerne ohne Fett rösten. Herausnehmen.

3 Essig mit Salz, Pfeffer und 1 Prise Zucker verrühren. 4 EL Öl darunter schlagen. Tomaten und Pinienkerne unterheben. Über den Spargel geben und gut durchziehen lassen.

4 Paprika, Zucchini und Möhren putzen, waschen, grob zerkleinern. Knoblauch schälen und in Scheiben schneiden. Thymian waschen, abzupfen. Gemüse nacheinander mit einigen Knoblauchscheiben in je 2 EL heißem Öl 3–5 Minuten braten. Dabei mit Thymian, Salz und Pfeffer würzen.

5 Zitronensaft ins Bratfett rühren und abschmecken. Marinade über das Gemüse geben, mindestens 6 Stunden durchziehen lassen. Anrichten.

Zubereitungszeit ca. 1 Std.
Wartezeit mind. 6 Std.
Portion ca. 170 kcal / 710 kJ
E 5 g, F 12 g, KH 8 g

Hähnchenbrust „al limone"

Zutaten:

- **6 doppelte Hähnchenfilets (ca. 1,2 kg)**
- **3 EL Butter, 1 kleine Zwiebel**
- **Salz, weißer Pfeffer**
- **etwas Rosmarin und Salbei**
- **2–3 Zitronen, etwas Zucker**

1 Filets abspülen, trockentupfen und halbieren. In heißer Butter rundum goldbraun anbraten. Zwiebel schälen, fein würfeln und kurz mitbraten. Mit Salz und Pfeffer würzen.

2 Kräuter waschen, hacken. Zum Fleisch geben und kurz mitbraten. Zitronen auspressen. Saft und ca. 8 EL Wasser angießen. Zugedeckt 15–20 Minuten schmoren. Mit Salz, Pfeffer und Zucker abschmecken.

Zubereitungszeit ca. 40 Min.
Portion ca. 210 kcal / 880 kJ
E 27 g, F 10 g, KH 1 g

Spinat-Lasagne mit Tagliatelle

Zutaten:

- **750 g Bandnudeln (Tagliatelle)**
- **Salz, schwarzer Pfeffer**
- **1 kg Blattspinat, 1 große Zwiebel**
- **2–3 EL Öl, 60 g Butter/Margarine**
- **60 g Mehl, 1 l Milch**
- **geriebene Muskatnuss, 3 Eigelb**
- **500 g gekoch. Schinken in Scheiben**
- **3 mittelgroße Tomaten**
- **200 g Bel-Paese- oder Fontina-Käse**

1 Nudeln in reichlich kochendem Salzwasser ca. 8 Minuten garen. Abgießen, abschrecken, abtropfen lassen.

2 Spinat putzen, waschen. Zwiebel schälen, würfeln und im heißen Öl andünsten. Den tropfnassen Spinat zufügen und zusammenfallen lassen. Würzen. In einem Sieb abtropfen lassen, evtl. noch etwas ausdrücken.

3 Fett schmelzen. Das Mehl darin anschwitzen. Milch unter Rühren angießen, aufkochen. Mit Salz, Pfeffer und Muskat abschmecken. Soße vom Herd nehmen, Eigelb unterrühren.

4 Soße, Nudeln, Spinat und Schinken in 2–3 Schichten in eine gefettete Auflaufform (ca. 25 x 35 cm; 5 l Inhalt) füllen. Mit Soße abschließen.

5 Tomaten putzen, waschen, in Scheiben schneiden. Lasagne damit belegen. Käse reiben, darüber streuen.

6 Lasagne im vorgeheizten Backofen (E-Herd: 200 °C/Umluft: 175 °C/Gas: Stufe 3) 35–40 Minuten goldbraun backen.

Zubereitungszeit ca. 1½ Std.
Portion ca. 600 kcal / 2520 kJ
E 33 g, F 22 g, KH 63 g

Weiße Bohnen in Tomatensoße

Zutaten:

- **1 Gemüsezwiebel**
- **2 Knoblauchzehen**
- **1 Bund/Töpfchen Salbei**
- **2 Dosen (à 425 ml) große weiße Bohnenkerne**
- **4 EL Olivenöl**
- **1 Dose (850 ml) Tomaten**
- **Salz**
- **schwarzer Pfeffer**

1 Zwiebel und Knoblauch schälen und hacken. Salbei waschen. Blättchen abzupfen und grob hacken.

2 Bohnen abspülen, abtropfen lassen. Zwiebel, Knoblauch und Salbei im heißen Öl ca. 3 Minuten dünsten. Tomaten zufügen und unter Rühren im offenen Topf 15 Minuten köcheln. Bohnen zufügen, würzen. Weitere ca. 10 Minuten köcheln.

Zubereitungszeit ca. 35 Min.
Portion ca. 100 kcal / 420 kJ
E 5 g, F 4 g, KH 10 g

Grüner Salat mit Parmesan

Zutaten:

- **1 mittelgroße Zwiebel**
- **4 EL Balsamico-Essig**
- **2 EL Zitronensaft**
- **Salz, weißer Pfeffer, etwas Zucker**
- **6–8 EL Olivenöl**
- **1 Römersalat**
- **200 g Rucola (Rauke)**
- **50 g Parmesan-Käse (im Stück)**

1 Zwiebel schälen, sehr fein würfeln. Essig, Zitronensaft und Zwiebelwürfel verrühren. Vinaigrette mit Salz, Pfeffer und Zucker würzen. Zuletzt das Öl darunter schlagen.

2 Blattsalate putzen, waschen und in mundgerechte Stücke zupfen. Käse mit einem Sparschäler in dünne Späne hobeln. Salate mit der Marinade mischen. Mit Käse bestreuen.

Zubereitungszeit ca. 15 Min.
Portion ca. 110 kcal / 460 kJ
E 3 g, F 9 g, KH 3 g

GETRÄNKE-TIPP

Als Aperitif und Begleitung zu den Antipasti eignet sich ein kühler, leicht moussierender Prosecco Frizzante. Zu Hähnchen und Lasagne passt z. B. ein fruchtiger, frischer Nosiola oder ein kräftiger Pinot Grigio – beide aus dem Trentino. Zum Käse darf es auch ein vollmundiger Rotwein, z. B. Amarone aus Venetien sein.

Käseplatte mit Früchten

Zutaten:

- **200 g Bel-Paese-Käse**
- **150 g Parmesan-Käse**
- **250 g Gorgonzola-Käse**
- **frische Feigen, helle und dunkle Weintrauben zum Garnieren**

Käse auf einer Platte anrichten. Mit Feigen und Weintrauben garnieren.

Zubereitungszeit ca. 10 Min.
Portion ca. 240 kcal / 1000 kJ
E 16 g, F 18 g, KH 1 g

Cappuccino-Sahnecreme

Zutaten:

- **100 g Mokka-Schokolade**
- **2 Beutel Puddingpulver „Karamell-Geschmack“ (für je ½ l Milch; zum Kochen)**
- **4 EL Zucker**
- **1 l Milch**
- **4 EL löslicher Espresso oder Kaffee**
- **250 g Schlagsahne**

1 Von der Schokolade mit einem Sparschäler einige Locken abziehen und kalt stellen. Restliche Schokolade grob hacken.

2 Puddingpulver, Zucker und 8 EL Milch glatt rühren. Übrige Milch, gehackte Schokolade und das Espressopulver unter Rühren aufkochen. Puddingpulver einrühren und unter Rühren kurz aufkochen.

3 Pudding in eine große Schüssel füllen und abkühlen lassen. Dabei mehrmals kräftig durchrühren, damit sich keine Haut bildet.

4 Sahne steif schlagen und locker unter den Pudding heben. Die Cappuccino-Sahnecreme in einer Glasschüssel anrichten und zugedeckt kalt stellen. Kurz vor dem Servieren mit Schokolocken verzieren.

Zubereitungszeit ca. 30 Min.
(ohne Wartezeit)
Portion ca. 240 kcal / 1000 kJ
E 5 g, F 14 g, KH 22 g

Rustikales Buffet

So schmeckt Gastfreundschaft im Herzen Italiens. Bei raffiniert einfachen Leckereien und einem guten Glas Wein feiern alle mit überschäumender Lebenslust

alla toscana

Aufschnittplatte mit Röstbrot

Zutaten:

- 1 knuspriges Stangenbrot (ca. 250 g)
- 2 mittelgroße Tomaten
- 2–3 Knoblauchzehen
- Salz, grober schwarzer Pfeffer
- 8 EL Olivenöl
- 100 g Parmaschinken
- 100 g Coppa (luftgetrockneter Schweinenacken)
- 100 g Salami (z. B. Fenchel-Salami)

1 Brot in Scheiben schneiden. Im Backofen oder im Toaster rösten. Tomaten putzen, waschen und in Scheiben schneiden. Knoblauch schälen und halbieren oder hacken.

2 Brotscheiben mit Knoblauch abreiben bzw. bestreuen und mit Salz und Pfeffer würzen. Mit Olivenöl beträufeln. Ca. die Hälfte der Brotscheiben mit Tomaten belegen. Mit Schinken, Coppa und Salami auf einer Platte anrichten.

Zubereitungszeit ca. 30 Min.
Portion ca. 320 kcal / 1340 kJ
E 11 g, F 22 g, KH 17 g

Brotsalat „Panzanella“

Zutaten:

- 350 g italienisches Brot oder Bauernbrot (vom Vortag)
- 250 g reife Tomaten
- je 1 rote und gelbe Paprika
- 1 Bund Lauchzwiebeln
- je 1 Bund/Töpfchen Petersilie und Basilikum
- 2 Knoblauchzehen
- 2 EL Kapern (a. d. Glas)
- Salz, weißer Peffer
- 6 EL Olivenöl
- 6 EL Essig

1 Das Brot in Scheiben schneiden und 1 Stunde in Wasser einweichen. Anschließend gut ausdrücken, in kleine Stücke zupfen und in eine große Schüssel geben.

2 Tomaten, Paprika und Lauchzwiebeln putzen und waschen. Tomaten achteln, Paprika würfeln, Zwiebeln in Ringe schneiden.

3 Kräuter waschen, fein schneiden. Knoblauch schälen und fein hacken. Gemüse, Kräuter, Knoblauch und Kapern unter das Brot heben. Mit Salz, Pfeffer und Öl vermischen.

4 Den Salat zugedeckt 1–2 Stunden kühl stellen. Vor dem Servieren Essig untermischen und alles nochmals abschmecken.

Zubereitungszeit ca. 30 Min.
Wartezeit 2–3 Std.
Portion ca. 210 kcal / 880 kJ
E 5 g, F 9 g, KH 26 g

Rotwein-Zwiebeln

Zutaten:

- 350 g kleine Zwiebeln
- 100 g Zucker
- ¼ l Rotwein, ⅛ l Rotwein-Essig
- 3 Lorbeerblätter, Salz

Zwiebeln schälen. Zucker unter Rühren in einer Pfanne karamellisieren. Zwiebeln darin schwenken. Mit Rotwein und Essig ablöschen. Lorbeer und Salz zufügen. Bei schwacher Hitze ca. 30 Minuten köcheln.

Zubereitungszeit ca. 50 Min.
Portion ca. 70 kcal / 290 kJ
E 1 g, F 0 g, KH 15 g

Würziger Rosmarinbraten

Zutaten:

- 3–4 Knoblauchzehen
- 4 Stiele frischer oder 3 TL getrockneter Rosmarin
- 2 EL Olivenöl
- 2 kg Schweinerücken (vom Fleischer auslösen lassen)
- Salz, weißer Pfeffer
- Öl für die Fettpfanne
- 1 kg Kartoffeln
- 3 Lorbeerblätter
- evtl. Zitrone zum Garnieren
- Küchengarn

1 Knoblauch schälen, fein hacken. Nadeln von 1 Rosmarinstiel abzupfen und fein hacken. Knoblauch, Rosmarin (1 TL getrockneter) und Olivenöl mischen.

2 Fleisch waschen, trockentupfen und an der Oberseite der Länge nach ca. 2 cm tief einschneiden. Kräuterpaste in die Fleischtasche streichen. Braten mit Salz und Pfeffer würzen. Mit 2 Stielen Rosmarin belegen bzw. mit 2 TL Rosmarin bestreuen. Mit Küchengarn umwickeln.

3 Braten auf die geölte Fettpfanne legen. Im vorgeheizten Ofen (E-Herd: 200 °C/Umluft: 175 °C/Gas: Stufe 3) 1½–2 Stunden braten.

4 Kartoffeln schälen, waschen, grob würfeln und salzen. Mit Lorbeerblättern nach ca. 1 Stunde Bratzeit auf die Fettpfanne legen. Braten und Kartoffeln anrichten. Mit restlichem Rosmarin und evtl. Zitrone garnieren.

Zubereitungszeit ca. 2¼ Std.
Portion ca. 420 kcal / 1760 kJ
E 53 g, F 13 g, KH 19 g

Feiner Zucchini-Auflauf

Zutaten:

- 1 kg Zucchini
- 50 g Butter/Margarine
- 50 g Mehl
- 200 g Schlagsahne
- ⅜ l klare Brühe
- Salz, weißer Pfeffer, Muskat
- 100 g frisch gerieb. Parmesan-Käse
- 4 Eier, Fett für die Form

1 Zucchini putzen, waschen und in dünne Scheiben hobeln. Fett erhitzen und Mehl darin unter Rühren anschwitzen. Mit Sahne und Brühe ablöschen, kurz aufkochen. Mit Salz, Pfeffer und Muskat würzen.

2 Zucchini in die Soße geben und 3–4 Minuten garen. 50 g Parmesan und Eier einrühren. Alles in eine gefettete Auflaufform füllen und mit 50 g Parmesan bestreuen. Im vorgeheizten Backofen (E-Herd: 200 °C/ Umluft: 175 °C/Gas: Stufe 3) ca. 1 Stunde backen.

Zubereitungszeit ca. 1 ½ Std.
Portion ca. 250 kcal / 1050 kJ
E 11 g, F 19 g, KH 8 g

Gemischter Pilzteller

Zutaten:

- **375 g Champignons**
- **100–150 g Steinpilze**
- **2 mittelgroße Zwiebeln**
- **1 Knoblauchzehe**
- **5 EL Öl (z. B. Olivenöl)**
- **1 Bund Petersilie oder Majoran**
- **Salz, schwarzer Pfeffer**

1 Pilze putzen, waschen, vierteln oder in dicke Scheiben schneiden. Zwiebeln und Knoblauch schälen. Zwiebeln in Würfel und Knoblauch in dünne Scheiben schneiden. In 2 EL heißem Öl glasig dünsten. Pilze zufügen und ca. 5 Minuten braten.

2 Petersilie waschen und trockenschütteln. Blättchen abzupfen und zu den Pilzen geben. Mit Salz und Pfeffer kräftig würzen. In eine Schüssel geben und mit 3 EL Öl beträufeln.

Zubereitungszeit ca. 30 Min.
Portion ca. 60 kcal / 250 kJ
E 2 g, F 5 g, KH 2 g

Weiße Bohnen in Olivenöl

Zutaten:

- **350 g getrocknete weiße Bohnen**
- **2 Knoblauchzehen**
- **2 Stiele frischer Salbei**
- **1 Lorbeerblatt**
- **Salz, schwarzer Pfeffer**
- **5 EL Olivenöl**

1 Bohnen waschen und über Nacht mit Wasser bedeckt einweichen. Bohnen am nächsten Tag abgießen.

2 Knoblauchzehen schälen und halbieren. Salbei abspülen und die Blättchen abzupfen. Bohnen mit Knoblauch, Salbei und Lorbeerblatt in einen Topf geben. Mit frischem Wasser gut bedecken, aufkochen und zugedeckt ca. 1 ½–2 Stunden bei schwacher Hitze köcheln, bis die Bohnenkerne leicht aufplatzen.

3 Bohnen abgießen und mit Salz und Pfeffer kräftig würzen. Olivenöl vor dem Servieren darüber verteilen.

Zubereitungszeit ca. 1 ¾–2 ¼ Std.
Wartezeit ca. 12 Std.
Portion ca. 200 kcal / 840 kJ
E 10 g, F 7 g, KH 23 g

Bandnudeln mit Salbeibutter

Zutaten:

- **500 g Bandnudeln (z. B. Fettuccine oder Pappardelle)**
- **Salz, weißer Pfeffer**
- **2 Zwiebeln, 1 Knoblauchzehe**
- **100 g Butter**
- **1 Bund/Töpfchen Salbei**

1 Nudeln in reichlich kochendem Salzwasser ca. 8 Minuten garen.

2 Zwiebeln und Knoblauch schälen, fein hacken. In heißer Butter andünsten. Salbei waschen, Blättchen abzupfen und zufügen. Mit Salz und Pfeffer würzen. Nudeln abtropfen lassen und sofort mit der Salbeibutter mischen.

Zubereitungszeit ca. 20 Min.
Portion ca. 320 kcal / 1340 kJ
E 9 g, F 12 g, KH 43 g

Schokotorte mit Pinienkernen

Zutaten für ca. 16 Stücke:

- **100 g Butter/Margarine**
- **200 g Zartbitter-Schokolade**
- **200 ml Milch**
- **3 Eier (Gr. M)**
- **200 g Zucker**
- **abgeriebene Schale von 1 unbehandelten Zitrone**
- **200 g Mehl**
- **25 g Speisestärke**
- **1 Päckchen Backpulver**
- **Fett für die Form**
- **40 g Pinienkerne**
- **1–2 EL Puderzucker**

1 Fett zerlassen. Die Schokolade grob hacken und mit 100 ml Milch in einem Topf schmelzen lassen. Eier, Zucker und Zitronenschale cremig rühren. Flüssiges Fett, Schokolade und übrige 100 ml Milch unterrühren. Mehl, Stärke und Backpulver mischen und unterrühren.

2 Teig in eine gefettete Springform (26 cm Ø) streichen und im vorgeheizten Backofen (E-Herd: 175 °C/ Umluft: 150 °C/Gas: Stufe 2) ca. 40 Minuten backen. Evtl. nach 30 Minuten abdecken. Auskühlen lassen.

3 Pinienkerne in einer Pfanne ohne Fett rösten. Kuchen mit Pinienkernen und Puderzucker bestreuen.

Zubereitungszeit ca. 1 Std.
(ohne Wartezeit)
Stück ca. 280 kcal / 1170 kJ
E 5 g, F 13 g, KH 33 g

GETRÄNKE-TIPP

Galestro – ein frischer, rassiger Weißwein eignet sich zum Auftakt.

Chianti Classico – der typischste Wein dieser Region aus dem Herzen der Toskana, dem Chianti-Gebiet, passt gut zu den kräftigen Speisen.

Das gilt auch für den gehaltvollen Rosso di Montalcino oder Rosso di Montepulciano.

„Caffè"-Kultur in

„Espresso tutto il giorno": Vom Frühstück bis zum Abend sorgt der kleine Schwarze in seinen vielen Varianten für Anregung oder Entspannung – ganz wie es beliebt

ESPRESSO

Sein vollständiger Name lautet „caffè espresso", in Italien sagt man kurz „caffè". Typisch für den „kleinen Italiener" sind die stark gerösteten, fein gemahlenen Bohnen (ca. 7 g pro Tasse), die in der Espressomaschine unter etwa 9 bar Druck von 92–95 °C heißem Wasser (50–60 ml) durchdrungen werden. Er hat weniger Koffein und Säure als Filterkaffee. Einen perfekten Espresso erkennt man an der Crema: Dick, nussbraun und mit feinen Bläschen muss dieser „Deckel" sein, der das Aroma in der Tasse hält. Man genießt Espresso, wann immer man tagsüber eine Pause nötig hat oder traditionell zum Abschluss des Menüs.

CAPPUCCINO

Sein Name geht auf die braune Kapuzenkutte der Kapuziner-Mönche zurück. Die klassische Variante besteht zu je einem Drittel aus Espresso, Milch und Milchschaum, der mit Kakao bestäubt wird. Der Schaum gelingt erfahrungsgemäß am besten mit H-Milch (3,5 % Fett). Die Milch darf aber nicht kochen, da der Schaum sonst schnell zusammenfällt. Cappuccino genießen die Italiener übrigens nie nach dem Essen, sondern zum Frühstück oder am Nachmittag.

CAFFÈ RISTRETTO

„Ristretto" (dt. eingeschränkt) ist hier das Wasser. Die gleiche Menge Kaffeemehl wie beim Espresso (7 g) wird mit nur 30 ml Wasser aufgebrüht. Sehr kräftig!

CAFFÈ LUNGO

(dt. langer Kaffee) wird mit mehr Wasser (120 ml) zubereitet als normaler Espresso.

CAFFÈ CORRETTO

Espresso, der mit einem Schuss Grappa (Tresterbrand), Weinbrand oder Likör „korrigiert" wird.

CAFFÈ MACCHIATO

ein Espresso, serviert in einer Espressotasse, mit einem Hauch aufgeschäumter Milch, so dass er „gefleckt" (macchiato) aussieht.

Italien

LATTE MACCHIATO

Ein hohes, schlankes Glas zu drei Vierteln mit heißer Milch und zu einem Viertel mit Milchschaum füllen. Dann langsam und vorsichtig einen Espresso – am besten mit Hilfe eines Kännchens mit Ausgießer – mitten in die Milchkrone gießen. Das Resultat sind drei verschiedenfarbige Schichten.

CAFFÈ LATTE

Der klassische Milchkaffee ist einige Schattierungen dunkler als der „latte macchiato“. Man gibt zunächst ein oder zwei Espressi in eine große Tasse und fügt dann gekochte Milch zu. Caffè latte hat nur wenig oder keinen Milchschaum.

Caffè l'Amaretto

Zutaten für 4 Personen:

- 240 ml Espresso (4 Tassen)
- 20 cl Amaretto-Likör
- 4 EL Schlagsahne
- 1000 ml Vanille-Eis

Espresso, Amaretto, Sahne und Vanille-Eis in einen Mixer geben und ca. 20 Sekunden lang mixen. Die Mischung auf 4 Gläser verteilen und mit einem Barlöffel servieren.

Caffè Shakerato

Für 4 Personen:

- 240 ml Espresso (4 Tassen)
- 10 cl Karamell- oder Vanillesirup
- 40 cl flüssiger Rohrzucker
- 4 EL zerstoßenes Eis

Espresso zubereiten und abkühlen lassen. Je 2 cl Karamell- oder Vanillesirup in 4 Gläser geben. Den Espresso mit flüssigem Zucker, Eis und 2 cl Sirup in einen Shaker geben und schütteln. Diese Mischung vorsichtig auf den Sirup in den Gläsern gießen, damit sich zwei Schichten bilden.

Cappuccino Ice

Für 4 Personen:

- 480 ml Espresso (8 Tassen)
- 8 cl Kaffeelikör (z. B. Kahlúa)
- 4 EL Schlagsahne
- 8 TL Zucker
- 5–6 Kugeln (250–300 ml) Vanille-Eis
- evtl. Schokoladen-Dekor zum Garnieren

Espresso, Kaffeelikör, Sahne, Zucker und Vanille-Eis in einen Mixer geben, etwa 15 Sekunden mixen und auf 4 Gläser verteilen. Cocktails evtl. mit Schokoladen-Dekor (aus flüssiger Kuvertüre auf Backpapier spritzen, fest werden lassen, dann ablösen) dekorieren.

Kühle Mixgetränke

Ob als Aperitif oder Erfrischung zwischendurch – ein fruchtiger Longdrink mit Vermouth, Bitterlikören, Wein oder Prosecco kommt immer gut an. Salute!

Campari Orange

Zutaten für 1 Glas:

- 4–5 cl Campari
- evtl. 2 cl Orangenlikör
- einige Eiswürfel
- Orangensaft zum Auffüllen
- 3 Erdbeeren
- 3 unbeh. Orangenscheiben
- 1 Cocktailspieß

Campari und evtl. Orangenlikör in ein Longdrinkglas mit Eiswürfeln geben. Mit Orangensaft auffüllen. Erdbeeren waschen und abwechselnd mit den Orangenscheiben auf den Spieß stecken. Den Drink damit garnieren und sofort servieren.

Bella Italia

Zutaten für 1 Glas:

- 2 cl Aperol (ital. Bitter-Aperitif)
- einige Spritzer Zitronensaft
- trockener ital. Weißwein, gut gekühlt (z. B. Pinot Grigio aus dem Trentino)
- 1 Stück Melone
- 1 Cocktailspieß

Aperol und Zitronensaft in ein Weinglas geben und verrühren. Mit dem gut gekühlten Weißwein aufgießen. Melonenstück aufspießen und ins Glas geben.

Martini Jigger

Zutaten für 1 Glas:

- 4 cl Martini Bianco, einige Eiswürfel
- 3 Limettenscheiben
- Bitter Lemon zum Auffüllen
- 2 Trinkhalme

Martini in ein mit Eis und 2 Limettenscheiben gefülltes Longdrinkglas gießen. Mit Bitter Lemon auffüllen und den Glasrand mit einer Limettenscheibe garnieren. Trinkhalme ins Glas stecken und servieren.

Campari Sunset

Zutaten für 1 Glas:

- 3 cl Campari, 3 cl weißer Rum
- 1 Spritzer Zitronensaft oder -sirup
- einige Eiswürfel
- Tonic Water zum Auffüllen
- 1 Limettenscheibe, Zitronenmelisse

Campari, Rum und Zitronensaft oder -sirup mischen. In ein Glas mit Eiswüfeln gießen. Mit Tonic Water auffüllen. Mit Limettenscheibe und Melisse garnieren.

Aprikosen-Tonic-Cocktail

Zutaten für 10 Gläser:

- Saft von 1 Zitrone
- ⅜ l Aperol (ital. Bitter-Aperitif)
- 1 l Aprikosensaft
- einige Eiswürfel
- 1 Flasche (0,7 l) Tonic Water (gut gekühlt)
- 10 unbeh. Zitronenscheiben

Zitronensaft, Aperol, Aprikosensaft und Eiswüfel in einem großen Glaskrug verrühren. Mit Tonic Water auffüllen. Die Zitronenscheiben jeweils zur Mitte hin einschneiden und an den Rand der Gläser stecken.

Bellini

Zutaten für 1 Glas:

- ½ reifer weißer Pfirsich ohne Schale
- Prosecco Frizzante zum Auffüllen (gut gekühlt)
- einige Spritzer Zuckersirup

Pfirsich pürieren, evtl. durch ein Sieb passieren und mit einem Schuss Prosecco verrühren. Einige Spritzer Zuckersirup zufügen und in ein Glas abseihen. Mit Prosecco auffüllen und einmal kurz umrühren.

Lemon-Menta

Zutaten für 1 Glas:

- 3 Kumquats (Zwergorangen)
- ½ Limette, etwas Crushed Ice
- 4 cl Brancamenta (ital. Bitter)
- 1,5 cl Maracujasirup
- Bitter Lemon zum Auffüllen
- 1 Limettenscheibe
- 1 Physalis (Kapstachelbeere)
- 1 Trinkhalm

Kumquats und Limette in Stücke schneiden und im Glas mit einem Stößel zerdrücken. Crushed Ice dazugeben. Mit Brancamenta, Maracujasirup und Bitter Lemon auffüllen. Limettenscheibe und Physalis an den Glasrand stecken. Mit Trinkhalm servieren.

La Dolce Vita

Zutaten für 1 Glas:

- 3 cl ital. Brandy
- 4 cl Orangensaft
- 2 cl Maracujasaft
- 10 cl Prosecco Frizzante (eisgekühlt)
- 1 Physalis (Kapstachelbeere), ½ Passionsfrucht, 3 Cocktailkirschen, 1 Holzspießchen zum Verzieren

Brandy, Orangen- und Maracujasaft in den Shaker geben und schütteln. Inhalt in ein Sektglas gießen, mit Prosecco auffüllen. Physalis und Passionsfrucht an den Glasrand stecken. Cocktailkirschen aufspießen und den Spieß quer über das Glas legen.

Welcher Vino komm

„Weinland" wurde Italien bereits von den alten Griechen genannt. Und tatsächlich wächst Wein im ganzen Land. Lernen Sie hier die köstlichen Tropfen kennen

In diesem sizilianischen Weinkeller lagern Marsala-Fässer

Nebbiolo, der große Rotwein Norditaliens

Typisches Weingut in der Toskana

DER NORDEN

Eines der herausragendsten Weingebiete ist das Piemont, das vor allem für seine hervorragenden Rotweine bekannt ist: Der edle **Barolo** aus der Nebbiolo-Traube gilt als „König der Weine". Nach 6–12 Jahren entfaltet er seinen vollen Geschmack: samtig, geschmeidig und körperreich. Weniger mächtig, aber vollmundig und harmonisch ist der **Barbaresco.** Meist leichter und frischer präsentiert sich der **Barbera.** Der bekannteste Weiße und ein idealer Sommerwein ist der fruchtige, säurebetonte **Gavi.** Kommt er aus unmittelbarer Nähe der Stadt Gavi, heißt er **Gavi di Gavi.** Italiens berühmtester Schaumwein, der liebliche **Asti Spumante,** stammt ebenfalls aus dem Piemont.

Aus dem kleinsten Anbaugebiet Italiens, dem Aosta-Tal, kommen zwei Rotweine aus der Nebbiolo-Traube: der kraftvolle und sehr feine **Donnaz** sowie der etwas leichtere **Arnad-Montjovet.**

Das Südtiroler Etschtal hat 18 reinsortige Rot- und Weißweine zu bieten, darunter feine Rieslinge, körperreiche Chardonnays und hervorragende Rotweine aus Cabernet Sauvignon und Pinot Nero. Die meistangebaute Rebsorte ist der Edelvernatsch, ein hellroter, frischer, leichter Wein. Die bekanntesten Lagen sind: **St. Magdalener** und **Kalterer See.** Beliebt ist der **Lagrein Kretzer,** ein spritziger Rosé.

Das Trentino bringt viele fruchtige, leichte Alltagsweine hervor. Spezialitäten der Region sind der kraftvolle, dunkelrubinrote **Teroldego** und der **Marzemino,** ein vollmundiger, charaktervoller, samtiger Rotwein. Als Rarität gelten die frischen Weißweine aus der **Nosiola**-Traube, die nur hier wächst.

In Venetien gibt es gleich drei rote Spezialitäten: den trockenen, leichten **Bardolino,** der als Rotwein oder Rosé (Chiaretto) ausgebaut wird, den fruchtigen **Valpolicella** und den **Amarone,** einen samtigen Rotwein, für den die Trauben vor dem Keltern auf Holzgestellen getrocknet werden. Aus der Provinz Treviso kommt **Prosecco** – das Trend-Getränk der letzten Jahre. Aus der gleichnamigen Rebsorte werden drei Varianten hergestellt: Stillwein (Tranquillo), der außerhalb der Region wenig bekannt ist, Perlwein (Frizzante), der mit Kohlensäure versetzt ist sowie tank- oder flaschenvergorener Schaumwein (Spumante).

Friaul-Julisch Venetien hat fast nur Qualitätsweine. Aus dem Grave-Gebiet kommen 15 reinsortige Rot- und Weißweine der Spitzenklasse, die nur von den Weinen des **Colli Orientali del Friuli** und des **Collio** (slowenische Grenze) getoppt werden.

woher?

EIN BLICK AUFS ETIKETT

***VdT** (Vino da Tavola): unterste Qualitätsstufe.*

***IGT** (Indicazione Geografica Tipica): regionale Landweine mit Angabe von Rebsorte, Jahrgang, Region. Dahinter verbergen sich auch große Gewächse, die nicht unter die anderen Gesetze fallen.*

***DOC** (Denominazione di Origine Controllata): Qualitätswein, der nach strengen Richtlinien offiziell geprüft wird. Festgelegt sind z. B. Rebsorte, Anbaumethode, Ertrag.*

***DOCG** (Denominazione di Origine Controllata e Garantita): die höchste Qualitätsstufe mit noch strengeren Vorschriften, z. B. für Pflanzdichte, Ausbau, Lagerung und Geschmack.*

***Classico:** Weine aus dem DOC-Kernbereich.*

***Superiore:** DOC-Wein mit höherem Öchsle- und Alkoholgehalt.*

***Riserva:** Wein, der eine für das entsprechende Gebiet festgelegte Lagerungsdauer hinter sich hat.*

Die Lombardei liefert frische Weiße, die bestens zu Fisch passen: den **Lugana** und den **Franciacorta,** der auch zu edlem Spumante verarbeitet wird. Aus dem Veltlin kommen die klassischen Rotweine **Sassella, Grumello** und **Inferno.**

DAS ZENTRUM

Die populärste Rebsorte der Emilia Romagna ist die **Lambrusco**-Traube, aus der ein leicht schäumender Rotwein gekeltert wird. In Deutschland kennt man vor allem die liebliche Version. Zu den üppigen Speisen der Region genießt man in der Emilia selbst lieber die trockene Variante.

Die Toskana verfügt mit dem **Chianti** (75–100% aus Sangiovese) über einen weltberühmten Tropfen. Es gibt sieben Chianti-Zonen. Das Zentrum, die Chianti-Classico-Region, liegt zwischen Florenz und Siena. Classico-Weine erkennt man am „Gallo Nero“-Symbol (schwarzer Hahn) am Flaschenhals. Der trockene Rote ist jung etwas gerbsäurebetont, später weich, elegant und fein. Echte Spitzen-Rotweine der Toskana sind der **Brunello di Montalcino,** ein eleganter, samtiger Tropfen, und der edle **Vino Nobile di Montepulciano,** der ein zartes Veilchenaroma hat. Der markanteste toskanische Weißwein ist der fruchtige, trockene **Vernaccia di San Gimignano,** der ebenso wie der leichte, frische **Galestro,** hervorragend zu Fisch und hellem Fleisch passt. Als besondere Spezialität gilt der **Vin Santo** (Heiliger Wein). Dieser honiggelbe Dessertwein wird aus getrockneten Weintrauben gepresst und reift jahrelang in kleinen Holzfässchen.

Der berühmteste Wein Umbriens ist der weiße **Orvieto,** ein leichter, fruchtiger Tropfen, der rund um die gleichnamige Stadt entsteht. In den Marken lohnt der **Verdicchio dei Castelli di Jesi**, der sehr fein und elegant sein kann, eine Kostprobe. Bester Rotwein ist der samtig-weiche, fruchtige **Rosso Conero.**
In den Abruzzen werden zwei DOC-Weine erzeugt: der frische weiße **Trebbiano d'Abruzzo** und der rote, vollmundige **Montepulciano d'Abruzzo.**

Aus der Region Latium, genauer aus dem Südosten Roms, stammt der strohgelbe **Frascati.** Er wird trocken (secco), herb (asciutto), lieblich (amabile) und süß (dolce) angeboten. Etwas weiter nördlich reift der goldgelbe, fruchtige **Est! Est!! Est!!! di Montefiascone.**

Bester Wein Sardiniens ist der **Cannonau di Sardegna,** der im Süden der Insel aus der roten Grenache-Traube gekeltert wird.

DER SÜDEN

Ideale Begleiter der regionalen Küche Kampaniens sind die guten roten und weißen **„Falerno“**-Weine. Spitzenprodukt der Region ist der rote **Taurasi,** ein langlebiger Wein, der zehn Jahre Flaschenreife braucht.

Apulien liefert vor allem körperreiche Roséweine und hervorragende Rotweine aus dem Castel del Monte-Gebiet, außerdem vom Stiefel-Absatz die **Salice Salentino**-Weine.

Aus der Basilikata kommt der **Anglianico di Vulture,** jung ein tanninreicher, nach acht Jahren Flaschenreife ein samtiger Rotwein. Als guter Tafelwein gilt der rote **Canneto.**

Der bekannteste und beste Wein Kalabriens ist der sagenumwobene rote **Ciró,** mit dem in der Antike römische Athleten belohnt wurden.

Sizilien ist für den **Marsala** bekannt, der in der gleichnamigen Stadt an der Westküste in verschiedenen Varianten bereitet wird – vom trockenen Aperitifwein bis zum süßen Dessertwein. Auf der Insel produziert man aber auch sehr gute Tafelweine, z. B. **Bianco d'Alcamo** aus Palermo und **Etna Rosso** aus Catania. Empfehlenswert und gut erhältlich sind die Weine von **Corvo** und **Regaleali.**

Amaro, Grappa

Zur italienischen „ars vivendi“, der Kunst zu leben, gehören auch die zahlreichen Wein- und Obstbrände, Liköre und andere „gute Geister“ – darunter einige echte Weltstars

Schon Kult ist der leuchtendrote Mailänder Bitter, der 1860 von Gaspare Campari erfunden wurde. Die Rohstoffe für diesen aromatischen Kräuterlikör stammen aus der ganzen Welt. Extrakte aus Kräutern und Wurzeln werden mit Zuckerlösung, Alkohol und dem natürlichen Karmin-Farbstoff (aus Nopal-Schildläusen gewonnen) gemischt. Stilecht serviert man Campari möglichst kalt und mit einer Orangenscheibe garniert, z. B. „on the rocks“, mit Prosecco oder Weißwein. Den beliebten „Campari Soda“ gibt es bereits seit 1932 auch fertig in kleinen Flaschen zu kaufen.

Auch andere Bitterliköre (amaro) aus Rhababer oder Chinarinde wie z. B. „Aperol“ werden durch Zufügen von Mineralwasser und einem Stückchen Zitrone zu ausgezeichneten Aperitifs. Mit Fruchtsaft oder -nektar auch als Longdrink ideal zum Einstimmen aufs Menü. Einziger Amaro, der unter Verwendung frischer Artischockenblätter hergestellt wird, ist der „Cynar“, der seine belebende Wirkung nicht nur als Aperitif, sondern auch als Digestif entfaltet. Enzian, Bitterorange sowie Gewürze runden den Geschmack ab. Man kann ihn pur über ein oder zwei Eiswürfel gießen und mit Soda auffüllen, er verträgt sich aber auch bestens mit Orangensaft.

EINEN APERITIVO VORWEG

Zu einem perfekten italienischen Menü gehört ein typischer Appetitanreger, ein „aperitivo“. Ganz oben auf der Hitliste steht Vermouth. Der griechische Arzt Hippokrates (um 400 v. Chr.) soll als erster die blühenden Spitzen des Absinths, der Wermut-Pflanze, in einem kräftigen, süßen Wein eingeweicht haben. Im Laufe der Jahrhunderte wurde das Rezept mit immer mehr aromatischen Ingredienzen verfeinert. Die erste offizielle Lizenz zur Herstellung von Vermouth wurde 1863 von König Carlos an Alessandro Martini, Luigi Rosso und Teofilo Sola vergeben. Heute besteht jeder Vermouth zu wenigstens drei Vierteln aus Wein und zu einem Viertel aus Kräuter-Extrakten und Alkohol-Destillaten. Basis sind in der Regel Weißweine, nur Vermouth Rosé kann einen Teil Rotweintrauben, die weiß gekeltert werden, enthalten. Vermouth gibt es in den Sorten Bianco, Rosso (mit Karamell gefärbt), Extra Dry, Dry, Rosé und d’Oro. Man genießt die Klassiker auf Eis, evtl. mit einem Spritzer Zitrone, oder in Cocktails.

& Co.

NACH DEM ESSEN EINEN DIGESTIVO

Zum Abschluss einer ausgiebigen Mahlzeit darf es auch mal ein kräftiger Schluck sein, zum Beispiel eine **Grappa.** Sie wird aus Trester, den Rückständen bei der Weinkelterung (gepresste Beerenschalen), gebrannt. Grappa darf nur in Italien hergestellt werden. Viele stammen aus den nördlichen Regionen, dem Piemont, Venetien, dem Trentino und Friaul-Julisch Venetien. Aber auch in der Toskana, den Marken, Umbrien, Kampanien, auf Sardinien und Sizilien werden gute Destillate aus einer oder mehreren Rebsorten hergestellt. Weiße Grappa lagert mindestens 6 Monate in Glas- oder Stahlbehältern. Gereifte Grappa, sogenannte „riserva“, „stravecchia“ oder „invecchiata“, muss mindestens ein Jahr lagern, davon 6 Monate in Fässern aus unbehandeltem Holz. Sie hat eine intensiv goldene Farbe und ist kräftiger. Junge Grappa trinkt man meist leicht gekühlt, die gereifte bei Zimmertemperatur. Grappa kann auch mit Kräutern oder Früchten aromatisiert sein. Die bekanntesten Sorten: „alla ruta“, mit einem Rautenzweig gewürzt, und „alla menta“ mit Pfefferminzaroma.

Nach dem Essen gönnt man sich in Italien auch gern einen heimischen **Brandy.** Der beste wird aus der Trebbiano-Rebe sowie der weißen, trockenen Asprino-Traube hergestellt. Die Eichenholzfässer, in denen der Brandy reift, verleihen ihm ein einzigartiges Aroma. Guter alter Brandy hat eine goldene Farbe und einen ausgeprägten Geschmack mit einem Hauch von Vanille und Rebenblüten. Er ist trocken und weich.

Ein beliebter Digestif ist auch der **Sambuca,** ein süßer, glasklarer Likör mit Anisaroma. Stilecht genießt man ihn „con la mosca“, das heißt „mit der Fliege“. Gemeint sind damit Kaffeebohnen, die man beim Trinken zerkaut. Man sollte immer eine ungerade Anzahl an Bohnen ins Glas geben, denn das verheißt Glück. Wenn Sie ihn vor dem Servieren noch flambieren, ist Sambuca auch fürs Auge ein Genuss.

Einer der erfolgreichsten italienischen Liköre ist **Amaretto.** Das Original „Amaretto Disaronno Originale“ wird aus reinstem, extra feinem Alkohol, gebranntem Zucker und feinstem Mandelkernöl hergestellt. 17 ausgewählte Früchte und Kräuter runden seinen Geschmack ab. Ob pur, „on the rocks“, auf Eis mit einem Spritzer Zitrone oder im Kaffee, Amaretto schmeckt auf vielerlei Art.

Als Digestif wird auch gern einer der vielen **Bitterliköre** gewählt, die zum Teil aus über 60 Kräutern hergestellt werden. Sie schmecken pur, auf Eis oder im Espresso und eignen sich gut zum Mixen. Wer es lieber süß mag, bestellt **Maraschino** (Kirschlikör) oder **Limoncino** (Zitronenlikör).

Rezept-Register

In dieser Reihe sind bisher erschienen: